ABHANDLUNGEN
DER RHEINISCH-WESTFÄLISCHEN AKADEMIE DER WISSENSCHAFTEN

Band 81

Alfonso de Valladolid

Ofrenda de Zelos/Libro de la Ley

Ausgabe und Kommentar
von
Walter Mettmann

Alfonso de Valladolid
(Abner aus Burgos)

Ofrenda de Zelos
(Minḥat Ḳĕna'ot)

und

Libro de la Ley

Ausgabe und Kommentar
von
Walter Mettmann

WESTDEUTSCHER VERLAG

Das Manuskript wurde der
Klasse für Geisteswissenschaften
am 13.12.1989 von Walter Mettmann vorgelegt.

CIP-Titelaufnahme der Deutschen Bibliothek

Mettman, Walter: Alfonso de Valladolid (Abner aus Burgos), „Ofrenda de zelos"
(Minḥat kĕna'ot) und „Libro de la ley":
Ausgabe und Kommentar / von Walter Mettmann. [Hrsg. von der Rheinisch-
Westfälischen Akademie der Wissenschaften]. – Opladen: Westdt. Verl., 1990
(Abhandlungen der Rheinisch-Westfälischen Akademie
der Wissenschaften; Bd. 81)
ISBN 3-531-05098-2
NE: Rheinisch-Westfälische Akademie der Wissenschaften (Düsseldorf):
Abhandlungen der Rheinisch-Westfälischen ...

Herausgegeben von der
Rheinisch-Westfälischen Akademie der Wissenschaften

© 1990 by Westdeutscher Verlag GmbH, Opladen
Herstellung: Westdeutscher Verlag
Satz, Druck und buchbinderische Verarbeitung: Boss-Druck, Kleve
Printed in Germany
Der Westdeutsche Verlag ist ein Unternehmen der Verlagsgruppe Bertelsmann International.

ISSN 0171-1105
ISBN 3-531-05098-2

Inhalt

Einleitung 7
«Ofrenda de Zelos» («Libro del Zelo de Dios»)
    Text 13
    Bibelzitate 78
    Namen 80
    Glossar 82
«Libro de la Ley»
    Text 87
    Bibelzitate 115
    Namen 116
    Nicht belegte oder seltene Wörter und Bedeutungen 118

Einleitung

Abner aus Burgos, der nach seiner Konversion den Namen Alfonso annahm und nach dem Ort, wo er seine letzten Lebensjahre verbrachte, Maestre Alfonso de Valladolid genannt wurde, war, nach dem Urteil Fritz Baers, des wohl besten Kenners des mittelalterlichen spanischen Judentums, neben Ramon Martí, dem Verfasser der *Pugio Fidei,* der bedeutendste und einflußreichste antijüdische Polemiker in Spanien: „Keiner seiner Nachfolger hat nach ihm einen neuen Gedanken zutage gefördert. Ein nicht geringer direkter oder indirekter Einfluß wird Abner auch in der Geschichte der jüdischen Häretiker zukommen, denen Abner selber zweifellos zuzurechnen ist."[1] Der gleiche Autor bezeichnet ihn später als „the best known apostate ever to arise in medieval Jewry".[2] Schon aus diesem Grunde erscheint eine Edition seiner in spanischer Übersetzung erhaltenen Werke wünschenswert. Diese sind aber nicht nur wegen ihres Inhalts von Interesse, sondern auch wegen ihrer Bedeutung für die Geschichte der spanischen Sprache. Es sind nämlich die bei weitem ältesten Texte, in denen theologische und philosophische Probleme in der Volkssprache abgehandelt werden. Zahlreiche Wörter, vor allem philosophische Termini, sind bisher nicht belegt oder können, zum Teil um mehrere Jahrhunderte, vordatiert werden.[3]

Über das Leben Abners/Alfonsos besitzen wir nur wenige gesicherte Angaben. Im Sommer des Jahres 1295 wurde die kastilische Judenschaft durch Wunderzeichen und die messianischen Prophezeiungen zweier Juden aus Ávila und Ayllón beunruhigt. Abner, der zu dieser Zeit als Arzt in Burgos tätig war, berichtet, wie geängstigte Glaubensgenossen als Patienten zu ihm kamen und Rat und Hilfe

---

[1] Fritz Baer, „Abner aus Burgos", *Korrespondenzblatt des Vereins zur Gründung und Erhaltung einer Akademie für die Wissenschaft des Judentums,* Berlin, 10 (1929), 20-37; S. 35. Am zuverlässigsten über das Leben und das Werk Abners/Alfonsos informieren dieser Aufsatz und die entsprechenden Abschnitte in *A History of the Jews in Christian Spain* (2 Bde., Philadelphia, 1971; Übersetzung des hebräischen Originals, Tel Aviv, ¹1945, ²1959) des gleichen Autors (nunmehr Yitzhak Baer), Bd. 1, S. 327-60 und 446-47. Siehe ferner: H. Graetz, *Geschichte der Juden,* 7 (1863), 337-41, 508-13; I. Loeb, in: „Polémistes chrétiens et juifs en France et en Espagne", *Revue des études juives* 18 (1889), 52-70.
[2] *A History,* 1, 328.
[3] Siehe das Glossar, S. 82 ff.

suchten.⁴ Fünfundzwanzig Jahre später, also um 1320, hatte er ein Traumgesicht, in dem er zur Bekehrung aufgefordert wurde. Diesem war drei Jahre zuvor ein anderes vorausgegangen, das ihn zu intensiven theologischen und philosophischen Studien veranlaßt hatte. Trotz der dabei sich einstellenden Zweifel hatte er sich zunächst entschieden, dem von den Vorfahren übernommenen Glauben treu zu bleiben.⁵ Nunmehr war er von der Wahrheit des Christentums überzeugt, hielt dies jedoch, um Schaden von sich abzuwenden, vor seinen Schülern geheim. Er verfaßte „en rrason de la fe" ein Werk mit dem Titel *Milḥamot Adonai*, das er später selbst auf Wunsch der Infantin Doña Blanca (gest. 1331), Oberin des Klosters von Las Huelgas in der Nähe von Burgos, unter dem Titel *Libro de las Batallas de Dios* ins Spanische übersetzte. Die Taufe, in der Abner den Namen Alfonso annahm, dürfte ca. 1225–30 stattgefunden haben. Er war damals, wenn wir den Angaben des Konvertiten Pablo de Santa María Glauben schenken können, sechzig Jahre alt.⁶ Da Alfonso um 1346 starb, 1295 aber bereits den Beruf eines Arztes ausübte, dürfte er ca. 1265–70 geboren sein. Nach der Bekehrung verfaßte er sein Hauptwerk *More Ẓedek (Mostrador de Justicia)*. Als Inhaber des Amtes eines Sakristans an der Kathedrale von Valladolid führte er 1336 auf Anweisung König Alfons XI. eine Disputation mit der dortigen Judenschaft.

Von folgenden Werken Alfonsos, die in ihrer Mehrzahl nicht erhalten sind, haben wir mehr oder weniger genaue Kenntnis:

(1) *Sod ha-Gĕmul*. In *Ofrenda de Zelos* (s. Nr. 5) unter dem spanischen Titel *Libro de la Poridat de la Retribución* als Jugendwerk erwähnt. Verfaßt vermutlich etwa 1290–1295. Wahrscheinlich nicht ins Spanische übersetzt. Nicht erhalten.

(2) *Milḥamot Adonai*. Ca. 1320. Spanische Übersetzung *Libro de las Batallas de Dios*. Erwähnt im *Mostrador de Justicia* (s. Nr. 3). Nicht erhalten.

---

⁴ In der verlorenen Schrift *Milḥamot Adonai*, aus der Alfonso de Spina in seinem *Fortalitium Fidei* schöpft. „Jam in fine (des genannten Werkes) narrat, quod cum ipse esset medicus, aliqui praedictorum (Juden) petebant consilium medicinae, ut possent curari a praedictis cogitationibus, quod credebant ... eis acciderat ex aliqua infirmitate et debilitate cerebri." Zitiert nach Graetz, l.c., 7, 508–9.

⁵ Alfonso berichtet über diese Vorgänge ausführlich in der Einleitung zu seinem Hauptwerk *More Ẓedek*.

⁶ Pablo de Santa Maria schreibt im *Scrutinium Scripturarum*, der Konvertit sei sechzig Jahre vor seiner Geburt gestorben. Nach F. Cantera Burgos, *Alvar García de Santa María* (Madrid, 1952), S. 286, lag das Geburtsdatum Pablos zwischen 1350 und 1355, wahrscheinlich 1352 oder 1353. Wenn wir die von Nicolás Antonio (*Biblioteca Hispana Vetus*, lib. IX, cap. IV, 236) vorgeschlagene plausible Korrektur des unmöglichen *sexaginta* zu *sex* akzeptieren, erhalten wir 1346/47 als Sterbejahr Alfonsos. Dies paßt auch zu der Tatsache, daß Moses Narboni Alfonso noch kennengelernt hat (s. Graetz, l.c., 7, 509).

(3) *More Ẓedek*. Verfaßt bald nach 1321. Erwähnt in *Ofrenda de Zelos* (s. Nr. 5) und *Libro de la Ley* (s. Nr. 9). Erhalten ist nur die spanische Übersetzung *Mostrador de Justicia* (Hs. 14. Jh.; Paris, Bibl. Nat., esp. 43, f. 12–342).[7]

(4) *Migdal ʿOz*. In *Ofrenda de Zelos* (s. Nr. 5) unter dem spanischen Titel *Torre de Fortaleza* als Alterswerk erwähnt. Wahrscheinlich nicht ins Spanische übersetzt. Nicht erhalten.

(5) *Minḥat Ḳĕna'ot*. Hebräisches Original anscheinend verloren. In *Tĕšuvot la-Mĕharef* (s. Nr. 6) erwähnt mit dem Titel *Libro de la Predestinacion*. Spanische Übersetzung *Ofrenda de Zelos* in der Hs. Vat. lat. 6423, 1–41a.

(6) *Tĕšuvot la-Mĕharef* („Widerlegung des Gotteslästerers"). Hs. des hebräischen Textes in Parma, Bibl. Palat.. Spanische Übersetzung in der Hs. Vat. lat. 6423, 41c–89d.

(7) *Libro de la Disputacion publica*. Erwähnt im *Libro de la Ley* (s. Nr. 9).

(8) *Libro de las Malliciones de los Judios*. Vielleicht nur spanisch. Erwähnt in *Libro de la Ley* (s. Nr. 9). Verfaßt vermutlich kurz vor 1336.[8] Nicht erhalten.

(9) *Libro de la Ley que ovo a sser olvidada de los peccadores de Isrrael*. Verfaßt wahrscheinlich 1336 oder später (vgl. Nr. 8). Anfang erhalten in der Hs. Paris, esp. 43 (s. o., Nr. 3), f. 1–10. S. u. Seite 87 ff.[9]

(10) Drei Briefe gegen die Juden. Hebräischer Text in der Hs. Parma (s. Nr. 6). Spanische Übersetzung Hs. Vat. lat. 6423, 90a–98c; der Anfang des ersten Briefs fehlt.

(11) *Tĕšuvot ha-Tĕšuvot*. Gegenantwort auf die Schrift eines sonst unbekannten Joseph Schalom gegen Nr. 6. Hebräischer Text in der Hs. Parma.

Nicht von Alfonso stammt das ihm in einer Hs. zugeschriebene *Libro declarante* (oder *Libro de las tres creencias*).[10]

---

[7] Inhaltsübersicht (f. 13v°–28r°) bei W. Mettmann, *Die volkssprachliche apologetische Literatur auf der Iberischen Halbinsel im Mittelalter*. Opladen (Rheinisch-Westfälische Akademie der Wissenschaften, Vorträge, G 282), 1987, S. 41–75.

[8] In der Weisung des Königs Alfons XI. an die Juden, mit Alfonso über eines ihrer Gebete zu disputieren (Urkunde vom 25. Februar 1336), heißt es: „Volo vos scire, nobis fuisse relatum per magistrum Alfonsum, conversum sacristam maioris ecclesiae Vallisoletanae, vos uti a magnis temporibus inter vos ... oratione quadam, in qua *maledictiones* omnipotentis Dei Christianis et omnibus ad fidem Christi conversis imprecamini ..." Zitiert von Graetz, l.c., 510, nach Alfonso de Spina, *Fortalitium Fidei*. Die dem König vorliegende Anklage war vermutlich mit dem *Libro de las Malliciones* identisch oder hing mit dieser zusammen.

[9] Anfang abgedruckt bei Loeb, l.c., 53–54. Loeb identifiziert das Werk mit einer Alfonso gelegentlich zugeschriebenen *Concordia de las Leyes*. Wahrscheinlich handelt es sich um eine Verwechslung mit dem von Alfonso de Spina häufig zitierten Werk *De concordia Legum* eines anderen Konvertiten, Juan de Valladolid.

[10] W. Mettmann, „El *Libro declarante*, una obra falsamente atribuída a Alfonso de Valladolid". *Homenaje Alonso Zamora Vicente*, Madrid (im Druck).

Über die Entstehungsgeschichte von *Minḥat Ḳĕna'ot* berichtet der Autor im ersten Kapitel des Werkes. Freunde haben ihn auf ein Werk seines Schülers Isaac ben Polgar[11] über die Prädestination, *Libro de negar e desmentir la astrologia*, aufmerksam gemacht und ihn gebeten, dazu Stellung zu nehmen. Alfonso zögert aus mehreren Gründen: Über das Thema ist schon viel geschrieben worden, und auch er selbst hat sich, als junger Mann und im Alter, in zwei Werken, *Libro de la Poridat de la Retribución* (s. o., Nr. 1) und *Torre de Fortaleza* (s. o., Nr. 4) damit befaßt; hinzu kommen die frühere Freundschaft mit Isaac und sein eigenes hohes Alter. Wegen der Gefährlichkeit der von Isaac vertretenen Thesen, und weil dieser ihn ausdrücklich zu einer Stellungnahme aufgefordert hatte, entschließt er sich dann aber doch, zur Feder zu greifen.

Als Alfonso *Minḥat Ḳĕna'ot* schrieb, war ihm, wenn wir seinen Worten Glauben schenken dürfen, ein anderes Werk Isaacs nicht bekannt, in dem dieser unter dem Titel *Iggeret ha-Ḥarafot* („Brief der Gotteslästerungen")[12] gegen eine (nicht erhaltene) Schrift des Abtrünnigen polemisiert, in der dieser seinen Übertritt zum Christentum gerechtfertigt hatte. Alfonso, der das Werk erst zehn Jahre später zu Gesicht bekommen haben will, antwortet auf dieses, wie er es nennt, *Libro de las Desonras* mit *Tĕšuvot la-Mĕḥaref* (s. o., Nr. 6), dessen Abfassung er wie folgt begründet:

⟨41c⟩ Dixo Alffonsso: Ssepas, Ysaac ben Polgar, q*ue* me vino a la mano un libro q*ue* escriviste co*n*tra mí en rrazo*n* de la ffe christiana, bie*n* ha diez a*n*nos, q*ue* lo enviaste a las aljamas por alabárteles co*n* él e pora aprovecharles, ssegu*n*d tú cuydas, co*n* tus rrazones. E él dize q*ue*l enviaste a mí, e yo nol vi ffasta oy. E q*ua*ndo vi las muchas ssoberuias e dessonras[13] e poca messura[13] q*ue* escriviste en él co*n*tra mí, pessome[13] mucho por onra de lo q*ue* yo escriví co*n*tra tí en el «Libro de la Predestinaçion»[14], porq*ue* quiça dirán los om*n*es q*ue* por carrera[15] de venga*n*ça e guardamie*n*to de malquerença[16] te escriví lo q*ue* escriví en él, e no*n* por carrera de onrra de Dios. E ssi yo ante oviera visto aquel «Libro de las dessonras» q*ue* ffue enviado a mí, quiça q*ue* me rretoviera[17] en alguna cossa por

---

[11] Isaac ben Joseph ibn Pollegar (Policar, Polgar, Pulgar). Über ihn und sein Hauptwerk ᶜ*Ezer ha-Dat* („Stütze des Glaubens") s. *Jewish Encyclopedia*, s. v. In *Tĕšuvot la-Mĕḥaref* (s. u.) erinnert Alfonso Isaac an „lo q*ue* tú us(s)este en mi escuel(l)a desde q*ua*ndo fuste peq*ue*n[n]o e q*ue* te amava como mi alma" (f. 46a).
[12] Erhalten in der Hs. Parma (s. o., Nr. 6).
[13] In der Hs. finden wir durchgängig Schreibungen mit doppeltem statt einfachem s (*dessonras, messura, pessome, cossa, quissiste, quisso*, etc.).
[14] Gemeint ist offenbar *Minḥat Ḳĕna'ot*.
[15] Ms.: carerra.
[16] mal q*ue*rrençia.
[17] Ms.: rretovierra.

ssospecha de los omnes. E agora entendí que Dios, que ssopo los escondimientos de tu coraçon e la maestria del engan*n*o e de la arteria[18] de tus penssamientos, de que te quissiste[13] onrrar con mi dessonra e que ssopiessen los omnes que tú eres digno para dezir contra mí dessonras e sobervias tales e tales como éstas, ante mí e detras mí, e que yo no oviera abrimiento de boca nin rrespondimiento de lengua contra ti, e que quissiste sacar de los coraçones de las aljamas lo que te tenian por herege e por escarneçedor de los dichos de los ssabios de la Ley, por lo que ante avia oydo e sabido de tus palabras. Aquel Dios quiso descubrir el tu pecado e pecharte el tu galardon, e tornote la tu ssobervia en tu cabeça e publicote ⟨41d⟩ las tus locuras e las ssobervias, e onrrosse con la tu dessonra en aquella rraçon de la predestinaçion sin mi entendimiento e mi drede[19] e mi ssaber, ca el Bendicho su nonbre sabe la sinpleça de mi coraçon, que yo non lo fize por cuydar ganar onrra terrenal por ello, nin tove mientes a onrrarme con tu dessonra, sinon en lo que non pudo ser escussado segund la entençion. Ca tove mientes a dezir onra de Dios e porque non se acreçentassen contradiçiones en Israel. E yo esperava respuesta de ti en aquella rrazon de la predestinaçion muchos dias, porque me dixieron que tú pregonas en orejas de todos los viandantes que escrives contradiçiones contra mí en aquella rraçon. E desde tanto tienpo aca non ovo y voz nin rresponssion nin rrazon ninguna, e dizias palabras de labros sin obra ninguna, e paresçeme que faces en esto segund aquella maestria engan[n]ossa que fiziste en lo al por darte por ssabio ante los omnes de sin que me muestres escripto ninguno de rraçon. E ésta es de las pruevas fuertes que yo tengo sobre [la] flaqueza de tus palabras e de tus conpaneros que ssemejan. Ca vos mismos connoçedes la fflaqueza de vuestras rrazones en que me las non ossades mostrar por miedo que vos escobriré los engannos e los yerros que y metedes, mas que vos abondades e vos atenplades a ssossegar vuestras rrazones a vuestro comun, los quales son tales como vos, e a vuestros fijos e a vuestras mugeres. ⟨42a⟩ Empero agora, desde que llegó a mi mano aquel «Libro de las dessonras», que dize que fue enviado a mí, rrespondré contra él en cada una de sus rrazones e descubriré sus engannos escondidos, por lo que dixo el viesso: Rresponde al loco como su locura, que non sea sabio en sus ojos."[20] E esto faré segund manera de sapiençia, non segund manera de vengança e de guardar malquererençia[16] por lo que ya avias mereçido. E esto faré por lo que dixo otro viesso: „non respondas

---

[18] Ms.: arterria.
[19] Das Wort *drede* (die Bedeutung scheint hier ‚Absicht' zu sein) ist sonst nicht belegt; cf. *adrede*.
[20] Prv 26,5 „responde stulto iuxta stultitiam suam ne sibi sapiens esse videatur".

al loco segu*n*d su locura, q*ue* no*n* te yguales a él ot*r*ossi tú"[21], e porq*ue* no*n* te lo tomes por achaq*ue* p*a*ra callar, dando a ente*n*deder q*ue* sabrás rresponder.

Die wichtigste Autorität (neben dem Alten Testament), auf die sich Alfonso stützt, ist Maimonides' *Führer der Verirrten*. Daneben tritt der Talmud, einschließlich des Kommentars von Maimonides. Andere mehrfach genannte jüdische Autoren sind Abraham ibn Ezra, Baḥya ibn Paḳuda, Joḥanan ben Nappaḥa und Samuel ben Tibbon. Auf Aristoteles wird mehr als ein dutzendmal Bezug genommen, daneben auch auf dessen arabische Vermittler Avicenna und Averroes. Im einzelnen siehe das Namenregister. In manchen Fällen handelt es sich offensichtlich um Zitate aus zweiter Hand.

Die spanische Übersetzung stammt sicher nicht von dem Autor selbst. Sie hält sich sehr eng an die hebräische Vorlage, deren Konstruktionen auf Schritt und Tritt durchscheinen. Die Schwierigkeiten, mit denen der Übersetzer bei der Wiedergabe philosophischer Gedankengänge in einer darauf noch nicht vorbereiteten Sprache zu kämpfen hatte, und die fehlerhafte Textüberlieferung führen dazu, daß der Sinn einiger Stellen unklar bleibt.

Der Text ist in einer Handschrift aus dem 14. Jahrhundert überliefert, die sich in der Vatikanbibliothek befindet (lat. 6423), und die außerdem, allerdings von der Hand anderer Schreiber, zwei weitere Werke Alfonsos (die Übersetzung von *Tĕšuvot la-Mĕḥaref* und die drei Briefe gegen die Juden) enthält. Mit Sicherheit handelt es sich nicht um das Original, wie zahlreiche Versehen, die zum Teil nachträglich korrigiert worden sind, beweisen. Bei der Wiedergabe des Textes haben wir zum besseren Verständnis in einigen Fällen, vor allem bei Verbalformen, Akzente gesetzt. Bei *i/j* und *u/v* wird zwischen Vokal und Konsonant unterschieden, die Worttrennung normalisiert, jedoch Verbindungen wie *sobrel, entrel* etc. beibehalten. Die Konjunktion *Et* (am Satzanfang) und das entsprechende Kürzel τ sowie *coɱo* werden immer als *E, e, como* wiedergegeben. In allen anderen Fällen wird die Auflösung von Kürzeln durch Kursivdruck angezeigt. Spitze Klammern (⟨⟩) bezeichnen diejenigen Stellen, wo der Text wegen Beschädigung der Handschrift nicht mehr oder nicht mit hinreichender Sicherheit lesbar ist.

---

[21] Prv 26,4 „ne respondeas stulto iuxta stultitiam suam ne efficiaris ei similis".

⟨1a⟩ Sancti Spiritus adsit nobis graçia.

«Libro del Zelo de Dios»[1]

en razzon de la predestinaçion e de lo que a ella sse atanne, que conpuso maestro Alffonsso ⟨contra⟩ un judio que la contradizia, que avya nonbre Ysach ben Polgar; e es partido este libro en diez capitulos.[2]

El capitulo PRIMERO en lo que fizo aver desputaçion al maestro con aquel judio Ysaach en este libro ssobrel ssaber de Dios e el derecho en ssus juyzios de las tribulaçiones de la Ley e ssus mandamientos.

El capitulo SSEGUNDO en rrecontar las ssus rrazones de Ysaach ssobresto, e la eregia que sse ssigue dellas.

El capitulo TERÇERO para provar que[3] todos los prophetas e los ssabios e los philosophos de todas las gentes creyeron que Dios tien mientes particularmientre en todas las cosas e con el su saber eterno.

El capitulo QUARTO es para desatar las ssus rrazones philosophicas de Ysaach contra esto.

El capitulo QUINTO es para mostrar por que fue mester sseer dada Ley ⟨1b⟩ maguera que Dios sabia eternamientre todas las cosas, e para desatar las ssus rrazones de Ysaach que aduxo de la Ley en esto.

El capitulo SSESTO es para dar rrazon del galardon e de la pena por los mandamientos es los defendimientos de la Ley, maguera que Dios ssabe ⟨eternamientre⟩ todas las cosas, ⟨e mostrar rrazon por que sson en el mundo justos que an bien e justos que an mal, e malos que an bien e malos que an mal, e para desatar ssus rrazones e ssus palavras de Ysaach que ffabló⟩ sobre esto.

El capitulo SSETENO es para mostrar ⟨rrazon que los omnes⟩ an mester trabajar e entreme⟨ter en ssus ffaz⟩iendas, maguera que Dios ssabe ⟨particularm⟩ientre[4] todas las cosas, e mostra escusaçion por rrabi Mosse el Egipçiano[5] e otros ssabios que ffablaron en este ffecho.

---

[1] Der genaue Titel lautet «Offrenda de Zelos»; s. Fol. 2c.
[2] Das Inhaltsverzeichnis ist stellenweise nicht mehr zu entziffern; die Lücken können jedoch im allgemeinen, mit Ausnahme von Kapitel 7, durch die Überschriften im Text gefüllt werden.
[3] Ms.: quel de *(mit Korrekturpunkt)*.
[4] Vgl. fol. 11b.
[5] Moses Maimonides.

El capitulo OCTAVO es para provar que este Ysaach connosçia en alguna manera ssus errores en esta rrazon, ssinon que sse tenia en ellas por rrazon de porffia e queria vençer con vanagloria.

1c   El capitulo NOVENO es para mostrar ⟨1c⟩ rrazon por que ffue mester sser descubierta esta poridat de la predestinaçion de Dios e de las cosas que sse ssiguen a ella en este nuestro tienpo en que agora ssomos, maguera que non ffue descubierto connosçidamientre ffasta aqui.

El capitulo DEZENO en rrecontar la ssuma destas cosas de la predestinaçion abreviadamientre.

El capitulo primero en lo que ffizo aver desputacion al maestro con aquel judio Ysaach en este libro ssobrel ssaber de Dios e ⟨el derecho⟩ en ssus juyzios de las tribulaçiones de la ⟨Ley e sus⟩ mandamientos.

E dixo el maestro[1]: Vy un libro que conpuso un judio que ha nombre Ysaach ben Polgar, el qual libro llamó por nombre «Libro de negar e desmentir la astrologia»[2]. E rrogáronme algunos de mios amigos que estudiasse en aquel libro e que les escriviesse lo que me ssemejasse en él de verdat o de mentira. E quando vy la ssu entençion primera en él, que era para negar e desmentir la sçiençia de la astrologia, queríame dexar de escrivir ninguna cosa contra él, porque ya otros escrivieron ⟨1d⟩ libros en aquella razon. E tove que non podria yo conffirmar e esforçar aquella s⟨çie⟩n⟨çia⟩ más de lo que ella es confirmada e esforçada en los libros de los ssus ssabios della al qui los entendiere con derecho e non la encargare nin le ⟨ennadiere⟩ las ⟨cosas⟩ que non sson de su rrazon della. E ⟨más, porque y⟩a escriví yo en el «Libro de la Poridat de la ⟨Rretribuçion»[3], que conpuse⟩ en tienpo de mi ⟨moçedad, a⟩ssi en el libro «Torre de Fortaleza»[4], que conp⟨use⟩ en tienpo de mi vegez, dichos universsales ⟨e val⟩ables ⟨ssobre⟩ lo que entendí ⟨en⟩ esta rr⟨azon, para omnes⟩ entendidos. E porque yo ⟨he pa⟩ra esto ⟨tra⟩bajado en estudiar en otras sçiençia⟨s, de que⟩ tomo grand plazer ⟨..................⟩. E más, por la fflaqueza d⟨e grand⟩ edat que es venida ssobre mí non ⟨quise agora⟩ t⟨o⟩mar tan grand trabajo ⟨para estu⟩diar e conponer libro en dessatar o⟨pini⟩on que es ella dessatada por ssý al qui ⟨tovier⟩ algund entendimiento en los libros ⟨de⟩ la philosophia que ffueron conpuestos en es⟨ta⟩ rrazon. ⟨E⟩ más, porque Ysaach el dicho ffue mucho mi amigo en otro tienpo que éramos conpannones en rrazon del estudio e del aprender, ⟨2a⟩ e non tenia por guysado de barajar con él nin de ffazerle assannar por ninguna guisa.

Mas porque vy en aquel ssu libro una rrazon nueva e espantable que non vy nin oý ante desto de ninguno de los conponedores [de] libros en la Ley nin en la philosophia qui osasse nin sse aguisasse a dezir tal rrazon e conffirmarla en libro, porque es mucho fea e mala e que es ffalssa e mintrosa en ssý, ssegund los más de los omnes, ssinon que la nombraron los conponedores de los libros[5] por darla por ffea

---

[1] Diese Wendung scheint darauf hinzudeuten, daß die Übersetzung nicht vom Autor selbst stammt, anders als dies bei einem anderen seiner Werke, dem nicht erhaltenen «Libro de las Batallas de Dios» («Milḥamot Adonai»), der Fall gewesen zu sein scheint. Die gleiche Einleitungsformel findet sich im «Mostrador de Justicia», und ähnlich («Dixo Alfonsso»), in der Übersetzung von «Tĕšuvot la-Mĕḥaref».

[2] Oder «Libro de Desmentimiento de la Astrologia» (3c). Das Werk scheint nicht erhalten zu sein. In «Tĕšuvot la-Mĕḥaref» (f. 46a) erwähnt als „libro que conpossiste para negar la astrologia".

[3] Hebr. «Sod ha-Gĕmul». Nicht erhalten.

[4] Hebr. «Migdal ᶜOz». Nicht erhalten.

[5] Im Ms. verbessert aus judios.

e mala e alongar a los omnes de creerla; e que era aquella rrazon comienço e rrayz sobre que sson ffirmadas todas las otras rrazones de ssu libro. E es ésta la rrazon que soltó el ffreno de ssu lengua e el cabestro de ssu pennola, e sse obligó e sse baldonó a meterse en buelta de los peccadores de Israel, los quales dize el viesso por ellos: „Acusaron fijos de Israel palavras que non sson derechas ssobre Domino ssu Dios."[6] E como desplanaron los ssabios del Talmud este viesso, que esto era lo que dezian los fijos de Israel: „Este pilar non veye nin oye nin ffabla."[7] E tal ⟨2b⟩ como esto es lo que escrivió Ysaach en aquel ssu libro paladinamientre: que las obras de los omnes e los otros acçidentes del mundo non sson sabidos nin entendidos de ningund ssabidor ante que ssean en el mundo.

Por esta rrazon passó sobre mí spiritu de zelo, e tomé por Dios grant zelo, ⟨e non me⟩ pude ⟨denegar⟩ de catar e de ⟨..............⟩ por la onrra de Dios e complir la voluntad de los amigos que me rrogaron por ello. E des⟨....⟩ e asssolr⟨....⟩í e ⟨.....⟩ la ⟨pereza⟩ e el ⟨ssenti⟩miento de la flaqueza de la vegedat por aver de meterme en buelta de los justos viejos, de los quales dize el viesso del «Psalterio» por ellos: „Aun ervollesçen en la vejez; engrossados e rreverdeçidos sserán para anunçiar que derechurero es Dios, mi ffuerte, e que non ha tuerto en él"[8], e con que me assufrí sobre ⟨la bondat.................[9] de Ysaach⟩ el ssobredicho, e el grant amor que ⟨.........⟩ sçiençia e con el entendimiento ⟨justo⟩ que ⟨amostró en⟩ las otras cosas, segund que es tenido por tal, mayormientre en lo que toviere e ⟨cuydare que es onrra⟩ de Dios. E, ssegund que ⟨dixieron⟩ los ssabios[10], que en todo lugar que ffuer ⟨es onrra⟩ de Dios ⟨.........⟨2c⟩.....⟩ el maestro.

E esto es porque todo omne deve tomar zelo e catar la onrra de Dios más que la onrra de todas las ontras cosas, mayormientre el que quisiere tomar las costumbres de los ssabios e meterse en buelta dellos. E ssegund que mandaron en lo que dixieron que sienpre ffaga omne de ssí mismo como ssi fuesse ssabio. E dixieron otrossi que el valiente non toma zelo ssinon de [otro valiente], assi el ssabio non deve tomar zelo ssinon de otro ssabio. E dixieron otrossi que el zelo de los letrados acresçienta ssapiençia. Ca por esta rrazon conpuso Ysach el dicho el libro que llamó por nonbre «Contradiçion del Herege»[11], ⟨e⟩ fizo él ⟨........⟩[12] por amor de acresçentar ssapiençia e tomar zelo e catar a la onrra de lo que él tenia que era

---

[6] II Reg 17,9: „et opuerunt filii Israhel verbis non rectis Dominum Deum suum".
[7] An der Stelle im Talmud, wo der Bibelvers zitiert wird («Moᶜed Ḳatan» III, iii, fol. 18b), findet sich nichts Entsprechendes.
[8] PsH 91, 15–16: „adhuc fructificabunt in senectute pingues et frondentes erunt / adnuntiantes quia rectus Dominus fortitudo mea et non est iniquitas in eo".
[9] Nicht mit Sicherheit zu entziffernde Ergänzung am Rand.
[10] Des Talmuds.
[11] Anscheinend nicht erhalten.
[12] Ms.: e fizo el ⟨........⟩ auf dem Rand, ohne Einfügungszeichen im Text.

certedumbre de la Ley de los judios. E pues esto era guisado a sseer en tal manera, quanto más e más ⟨....⟩ guisado ⟨era a tomar⟩ zelo ssobre esta rrazon, que es onrra de Dios e onrra de la ssapiençia misma e onrra de todas las leyes, como sse provará al qui estudiere bien en ello. E por esso llamé por nombre a este libro «Offrenda de Zelos»[13], por sseer rremen-⟨2d⟩brança del peccado de aquella opinion e dar perdonança della a fijos de Israel. E conque Ysach el mismo lo demandó esto en ffin de ssus palavras en lo que dixo: „¡Quién diesse[14] que sse essffortalesçiesse el coraçon destos mis contradezidores e que sse desputassen comigo, e entonçe sse averi⟨guarian e⟩ sse manifestarian entre nos las rrazones del que tiene la verdat!" E des que yo oý que tenia mientes a mí en aquellas palavras, entonçe tomé más atrevimiento para ffazer este libro en rrazon de desputar con él.

2d

---

[13] Hebr. «Minḥat Ḵĕna'ot».
[14] Ms.: *Das erste* e *von* diesse *mit einem Punkt darunter (als Tilgungszeichen?).*

El capitulo ssegundo en rrecontar las ssus rrazones de Ysaach ssobre esto, e la heregia que sse ssigue dellas.

E por ende digo que las rrazones que nombró Ysaach en aquel ssu libro, diziendo que eran¹ rrazones çiertas con silogismos e pruevas manifiestas e que conprehenden e ençierran a las obras de todos los çielos e de ssus estrellas, aunque fuessen ⟨muc⟩has más de que ellas sson, que aquellas, ssegund muestran es⟨menti⟩miento² de la sentençia neçessaria, sson tres rrazones. E ⟨3a⟩ yo nombrárgelas he aqui abreviadamiente, de ssin alongar en escrivir las otras muchas palavras que metió entre ellas por affeytar las ssus rrazones con ellas.

La rrazon primera ffue de parte de la possibilidat que es en los rreçibidores, e que cuydó provar desto que non puede sseer sentençia³ que endebde⁴ nin que ffuerçe a lo possible para sseer sennaladamientre en ninguna de las dos possibilidades. E dixo que ssi esso fuesse, sseria natura de la possibilidat camiada en neçessidat.

E la rrazon ssegunda ffue de parte de las cosas acçidentales, que non tiene que por ningu[n]a cosa pueden sseer ssabidas nin alcançadas de ningund ssabidor ante que ellas ssean. E dixo que ssi esso fuesse, sserie el acçidente non acçidente e non fecho por aventura. E porque la voluntad propria es acçidente en el que es aquella voluntad⁵, seguyrsse-ýe otrossi que sserie la voluntad non voluntad ssi ffuesse ssabida ante que ella fuesse.

E la rrazon terçera ffue propria ssobre el omne de parte del alma de rrazon, e dixo que es sseparada e apartada de materia, e que los cuerpos çelestiales, en quanto son materiales, ⟨3b⟩ non an poder de obrar en ella alguna cosa. E porque algund dezidor le podria dezir que alguna virtud sseparada podria obrar en el alma de rrazon, que la forçaria para obrar e rreçebir obra, e para querer algunas vezes, e algunas vezes non querer, enfforçó ssus palavras en esta rrazon terçera, diziendo assi que, ssi los acçidentes del omne viniessen con ssentençia e neçessidat, sserien estruydas⁶ las rrazones de la nuestra Ley ssanta, e sserian vanos todos ssus mandamientos e deffendimientos, e non mereçria el justo tomar galardon por ssus buenas obras, nin sseria guisado de dar pena al malo, depues que todas ssus obras dellos ffuessen en manera de nesçessidat.

---

¹ Die seltsamen Schreibungen *erant* und *erand* (in Anlehnung an die entsprechende lateinische Form?) kommen im Text mehrfach vor (Fol. 26a, 26b, 31d, 34c, 35b, 36a).
² *desmentimiento*. S. u., Anm. 6.
³ Ms.: seentēçia.
⁴ Das Wort wird in unserem Text häufig verwendet in der Bedeutung ‚verpflichten', ‚(er)zwingen', ‚notwendig verursachen'.
⁵ Ms.: volluntad.
⁶ *destruidas* (mit Präfixtausch).

E este enfforçamiento tomó Ysaach de los dichos de rrabi Mosse el Egipçiano e de otros antigos teologos⁷ que ffablaron en esta rrazon. E paresçe desto que non tan solamientre las ssentencias de las estrellas quiso desatar Ysaach, mas ahun la ssabiduria de Dios e ssus ssentencias quiso desatar de sobre todas las cosas acçidentales e possibles. Ca por esso dixo en aquel ssu libro, que tales ⟨3 c⟩ cosas como estas non devemos creer por ninguna guisa que sson ssabidas nin alcançadas de ningund ssabidor ante que ssean; e en esto ençerró que non sson ssabidas nin acatadas de Dios.

3 c

E ssi él catara o estudiara en el «Libro de la Poridat de la Rretribuçion», que yo conpuse en esta rrazon, e lo entendiera bien, cuydo que non estropeçara nin cayera en este ffuerte entrepieço⁸ en toller la ssabiduria de Dios. E yo non puedo dezir que él non vio aquel «Libro de la Poridat de la Rretribuçion», porque paresçe que dél tomó las palavras e los vierbos en la verdaderia de las rretribuçiones, pues lo escrivió como lo escrivió en ssu «Libro de la Contradiçion del Herege», ssinon que non cumplió en ella lo que era mester de cumplir. Ca non quiso assessegar ssu entendimiento nin catar con buen ojo las mis palavras en aquel libro. Mas aquel ssu amigo, el que para él conpuso aquel «Libro de Desmentimiento de la Astrologia»⁹, çierto so que él vio o oyó de aquel mio libro, e tóvele por çierto. Ca por esso le rrespondió contradiçiones çiertas ssobre aquel ssu libro, assy ⟨3 d⟩ como sson falladas escriptas en aquel mio libro, ssinon que Ysach cuydó desmentir los dichos daquel ssu amigo en aquella[s] contradiçiones, ssegund que las allegó e las escrivió en ssu libro.

3 d

E porque ya affirmé yo en aquel «Libro de la Poridat de la Rretribuçion», assi en el «Libro de la Torre de Fortaleza»¹⁰, lo que entendí que era guisado para confirmar esta rrazon, non ha mester tornayrarlo¹¹ aqui otra vegada abreviadamientre, ssinon quanto sserá mester para desatar las sus rra[zo]nes de Yssac e descubrir los lugares de los yerros que puso en aquel libro, e non sserá más a casa de Israel para sseer ffuerça en rremenbrar a ffazer peccados en catar en pos ellos. E digo que esta rrazon de Ysac es eregia mala e ffea, ssegund todas las gentes del mundo e ssegund todos los philosophos e los prophetas e los ssabios de la Ley, como sse provará en este capitulo que sse ssigue.

---

⁷ Ms.: treologos. Die gleiche Form auch Fol. 5 b.
⁸ ‚Fallstrick', ‚Hindernis'. Belegt 1553.
⁹ S. Kap. 1, Anm. 2.
¹⁰ S. Kap. 1, Anm. 4.
¹¹ Die Bedeutung des sonst nicht belegten Verbs scheint zu sein ‚(erneut) behandeln'; vgl. tornayro (Fol. 8 d) und rretornayramiento (Fol. 27 b).

El capitulo III° es para provar que todos los prophetas e los ssabios e los philosofos de todas las gentes creyeron que Dios tien mientes particularmientre en todas las cosas, e con ⟨4a⟩ ssu ssaber eterno.

E esto es que dixieron los profetas: „Del çielo cató Domino, e vio todos los fijos de los omnes; de conpostura de ssu sseyia consid[er]ó todos los moradores de la tierra el que cria ssus coraçones dellos en uno, el que entiende todas las ssus obras dellos."[1] E dize otro viesso: „Ssi sse encubriria omne en cubiertas que yo nol viesse, dize Dios."[2] E dize otro viesso: „Ssi de mí sse encubre ninguna cosa."[3] E dize otro viesso: "Ca[4] ssus ojos ssobre las carreras del omne, e todas ssus passadas vee; non es tiniebra nin lobreguera para en que sse encubran allá los obrantes tuertos."[5]

E dizen los teologos en ssus opiniones[6]: „Non a ninguna cosa çelada de ti nin encubierta ante tus ojos, e tú oteas e catas ffasta en ffin de todas las generaçiones." E ssobre el viesso que dize que „todos los coraçones rrequire e toda la criança de los pensamientos entiende"[7] dixieron ellos glosando, que ante que ssea criado el penssamiento en el coraçon del omne, es descubierto ante Dios; e que ante que ssea criado el ⟨4b⟩ omne, está ssu penssamiento descubierto ante Dios. E dixieron[8] que non sse ffiere omne en el dedo en este mundo, ya sanó fasta que lo pregonan contra él de ssuso. E dixieron que non sse puede ffazer ninguna cosa menos de mandamiento de Dios.

E assi desdennaron mucho los prophetas la opinion de los que niegan la consssideraçion de Dios, como dize el viesso en el «Psa[l]terio»: „Dixieron: ¿e cómo sabrá Dios, e ssi ha ssabiduria en el Alto? He que estos sson los malos e pazigosos[9] del ssieglo que cresçentaron en ffuerça."[10] E dixo otro viesso que „dixieron ¿quién nos veye e quién nos ssabe?"[11] E dixieron: „Non veye Domino nin entiende Dios de Jacob."[12] Otrossi Eliffaz el de Teman desdennava la opinion de Job en esta

---

[1] PsH 32, 13–15 „de caelo respexit Dominus vidit omnes filios Adam / de firmissimo solio suo prospexit ad universos habitatores terrae / fingens pariter cor eorum / intellegens omnia opera eorum".
[2] Ier 23, 24 „si occultabitur vir in absconditis et ego non videbo eum dicit Dominus".
[3] Vielleicht Ier 16, 17 „quia oculi mei super omnes vias eorum / non sunt absconditae a facie mea".
[4] Im Ms. stehen über ca drei Punkte. Anscheinend vermißte man das (im Hebräischen fehlende) Hilfszeitwort son.
[5] Iob 34, 21–22 „oculi enim eius super vias hominum / et omnes gressus eorum considerat / non sunt tenebrae et non est umbra mortis ut abscondantur ibi qui operantur iniquitatem".
[6] Wie sie im «Talmud» überliefert sind.
[7] I Par 28, 9 „omnia enim corda scrutatur Dominus et universas mentium cogitationes intelligit".
[8] Ms.: Et que ante dixieron.
[9] Das Wort pazigoso ist im Spanischen sonst nicht belegt. Es gibt hier das hebr. šalew ‚ruhig, friedlich, sorglos' wieder.
[10] PsH 72, 11–12 „et dixerunt quomodo novit Deus et si est scientia in Excelso / ecce isti impii et abundantes in saeculo multiplicaverunt divitias".
[11] Ies 29, 15 „dicunt quis videt nos et quis novit nos".
[12] PsH 93, 7 „et dixerunt non videbit Dominus et non intelleget Deus Iacob".

rrazon, quando le dixo: „Otrossi tú tuelles el temor e menguas oracion ante Dios"[13]; „e dixiste ¿qué ssabe Dios, ssi detras la espessura julgare? nubes le sson encubrimiento, e non vee, e en la circunfferençia del çielo anda."[14]

E tanbien los philosofos de los gentiles otorgan el conssi⟨4c⟩derar particular de Dios, e que non sse encubre dél ninguna cosa grande nin pequenna de todos los açidentes que conteçe[n] en el mundo. E como lo escrivió el Abiçena, e asi el Algazel[15], e que toda cosa que es possible de parte de ssí para sseer en cada una de las dos contrariedades, es nesçessada de parte de otrie para sseer en la una ssola dellas en el tiempo ssennalado en que sse allegarán todas las causas quel endebdan el sseer. E esto es como el cuerpo de la çera, que es aparejado de parte de ssí mismo para rreçebir cada una de la[s] ffiguras egualmientre, e él non escapa en cada uno de los tienpos de sseer en una ffigura ssennalada ssolamientre, sinon que esta ffigura sennalada non la ovo la çera de parte de ssí, ssinon de parte de otrie, que fundó e puso en ella esta ffigura ssennalada en aquel tienpo ssennalado. E assi toda cosa posible de parte de ssí es nesçessada de parte de otrie en aquel tienpo sennalado, e assi, ssi aquello fuere possible de parte de ssí, es neçessado de parte de otrie, e assi uno de otrie, e assy ⟨4d⟩ una de otra, ffasta que llegue el fecho al movimiento de la espera, que es la causa estremada a todas las cosas nuevas e temporales en quanto ssson nuevas e temporales, como lo provó Aristotiles en la «Metaffisica». E esto es como la opin[n]on tercera de las çinco opinnones que nonbró rrabi Mosse el Egipçiano en el capitulo dizeseteno de la parte terçera[16] del libro «Mostrador de los Dubdosos»[17], maguera que rrabi Mosse desdennava esta opin[n]on terçera por otra rrazon que yo nonbraré adelante.

Otrossi escrivió el ssabio Abubalit ben Rrost en el «Libro del Ssaber Eterno»[18] que todos los ffilosofos que sson de la conpanna de Aristotiles tienen que Dios ssabe las particularidades e los individuos de todas las cosas nuevas con ssaber eterno, que non es de nuevo como ellas. Porque él es causa a ellas, e non causado dellas, como lo faze el ssaber nuevo, e que porende non sabe Dios las cosas con ssaber nuevo, mas sábelas con ssaber eterno. E dixo más en aquel libro como convenia a cuydar de los

---

[13] Iob 15, 4 „quantum in te est evacuisti timorem et tulisti preces coram Deo".
[14] Iob 22, 13–14 „et dicis quid enim novit Deus et quasi per caliginem iudicat / nubes latibulum eius nec nostra considerat et circa cardines caeli perambulat".
[15] Al-Ghazzālī.
[16] Ms.: çertera.
[17] «Dalālat al-ḥā'irīn». Französische Übersetzung von S. Munk («Guide des égarés»), 3 Bde., Paris 1856–1866 (Nachdruck 1963). Der Autor benutzte wahrscheinlich die hebräische Übersetzung von Samuel ibn Tibbon, «More Něvuchim» (s. Kap. 9, Anm. 9). „C'est l'opinion de ceux qui croient qu'il n'y a dans l'univers absolument rien, ni dans les détails, ni dans le tout, qui arrive fortuitement, et que tout, au contraire, est l'effet d'une volonté, d'une intention et d'un régime." (III, 119–20).
[18] Abū 'l-Walid Muḥammad ibn Rušd (Averroes). Wahrscheinlich bezieht sich der Autor auf die Schrift «Faṣl al-maqāl», über die Harmonie von Religion und Philosophie.

5a ssabios omnes desta conpanna que tovyessen ⟨5a⟩ ellos que el ssaber eterno de Dios non circundasse a todos los individuos, entendiendo ellos que él es causa de las prophecias e de los suen[n]os verdaderos e de los agüeros e adevinanças.

E esto es como lo que escrivió Aristotiles en el «Libro del Sseso e Ensessado»[19], que los suennos verdaderos sson de linage de las cosas entendidas del entendimiento universsal, e non del entendimiento ganado de las cosas deste mundo, e que Dios es causa e rrazon de aquellos ssuennos, con medianeria del entendimiento, e que esto es para sseer ssigno e sennal al alma particular para cosa particular quel ha de conteçer a ella sola por cosa particular en el mundo, o por cosa que ha de conteçer [a] aquel omne ssolo de bien o de mal, o por cosa que a de conteçer a él e al mundo de conssouno; que dixo que en esto es la grant poridat e la ssapiençia ssobejana. Evás aqui provado de los dichos de Aristotiles, como dixo Ben Rrost[20], que Dios es causa e rrazo[n] de las prophecias e de los ssuen[n]os verdaderos, e que con ellos faze ssaber las cosas nuevas que son a contesçer en el mundo. E assi sse prueva esto por
5b dichos del Pharavio[21] en los ssuennos ⟨5b⟩ e en las proffeçias.

E deste linage es el angel anunçiador de que ffabló Elihu a Job, quandol dixo: „ssi ovyere ssobrél el angel anunçiador, uno de mill, para anunçiar al omne ssu derechedunbre"[22], e quel dixo: „en suenno, vision de noche, quando caye adormimiento ssobre omnes".[23] E qual angel sse sig (?)[24] por él a las vezes en manera de miraglo el galardon e la pena por los mandamientos de la Ley, e justo que aya mal en este mundo, e malo bien, como lo nonbré en el «Libro de la Poridat de la Rretribuçion».

E assi escrivió Ypocras[25], e lo nonbró Ben Zohar[26], que a las vezes viene pestilençia e muerte en el mundo por los peccadores que van contra ssu voluntad de Dios. E assi escrivió Galieno[27], e assi Juaniçio[28] e Abo Alcazi[29], que a las vezes adolezrá el omne por ssus peccados e ssus rrebeldias que ffiziere contra Dios. E esta es

---

[19] «Peri aisthēseōs kai aisthētōn», in der Sammlung der «Parva naturalia». Von Moses ibn Tibbon aus dem Arabischen ins Hebräische übersetzt u. d. T. «Ha-Ḥuš wĕ-ha-Muḥaš».
[20] Ibn Rušd. S. Anm. 18.
[21] Al-Fārābī (Alpharabius). Vermutlich in seinen Aristoteleskommentaren.
[22] Iob 33, 23 „si fuerit pro eo angelus loquens unum de milibus ut adnuntiet hominis aequitatem".
[23] Iob, 33, 15 „per somnium in visione nocturna quando inruit sopor super homines".
[24] Nicht ganz deutlich lesbar; es scheint etwas ausgefallen zu sein. Hinter sig steht am Rand ein Buchstabe (e ?) oder ein Zeichen, das auf eine vorgesehene Ergänzung hindeuten könnte. Vielleicht ist auch verbessern „El qual angel sse sigue".
[25] Hippokrates.
[26] Der berühmte span.-arab. Arzt Abū Marwān ibn Zuhr (Avenzoar; gest. Sevilla, 1162).
[27] Galenos.
[28] Ḥunain ibn Isḥāq (Joannitius).
[29] Im Ms. nicht deutlich zu lesen: altazi, abcazi, eventuell auch abtazi. Es dürfte sich um den berühmten Arzt aus Córdoba Abū 'l-Qāsim az-Zahrāwī (Albucasis, Bucasis, Alzaharavius; gest. ca. 1013) handeln.

prueva por ssus dichos de los ffilosofos e de los ffisicos, assi como de los prophetas e de lo[s] teologos³⁰, que Dios tiene mientes ssobre las cosas particulares del mundo e que la[s] ssabe ⟨5c⟩ todas ante que ellas ssean.

E otrossi Rrabi Mosse el Egipçiano escrivió esta rrazon en los capitulos XX° e XXI° de la parte tercera del su libro «Mostrador de los Dubdosos»: „Quiero dezir que todas las cosas que contesçen nuevamientre en el mundo, ssábelas Dios ante que ella[s] ssean"³¹, e que non las ssabe con ssaber ganado dellas para que ovyesse él ssaberes muchos e nuevos ssegund la novedat dellas, mas ellas ssiguen el ssu ssaber dél, ca él es causa antigua a ellas e que las assennala ssegund que ellas ssean. E dixo este rrabbi Mosse que esta es rrazo[n] çierta e verdadera, la qual, ssi bien la estudiarmos, non sseerá ffallada en ella ninguna cosa de engannо nin de yerro.

Mas las contradiçiones e las dubdas que nombró contra esta opinion, non las nombró ssegund estudio ffilosofico, ssinon ssegund la rrazon que paresçe de la Ley. E assi lo ffallaredes paladino en ssu palavra en aquel capitulo XX°, e ssennaladamientre en la contradiçion quinta, e es esta: dixo, que Dios non asigna el ssu ssaber apartadamientre³² para apartar la una de las dos cosas possibles que contezrá. E maguera que ssabe segund ver⟨5d⟩dat qual dellas contezrá, non la endebda para sseer ella en ssu cabo. E dixo que, ssi non fues[s]e por esto, non diria el viesso: „Ffarás guarida a tu techo"³³, o „ffarás tal e tal mandamiento"³⁴; e que asi toda la Ley e los mandamientos e los defendimientos tornan a esta rrayz.

E non dixo Rrabi Mosse, como este Ysac, que las cosas açidentales non sson ssabidas e alcançadas de ningund ssabidor, mas dixo que Dios sabe verdaderamientre la una de las dos cosas possibles³⁵ que contezrán. Mas lo que engannó a este Ysac en esta rrazon, ffue que non entendió la entençion de Mosse en lo que escrivió en la glosa del libro que a nombre «Aboch»³⁶, por amor de conffirmar la Ley en los coraçones del comun de los omnes, una palavra que tomó de los dichos de Aristotiles en la natura de la possibilidat, e otrossi que non entendió la entençion de Aristotiles en aquella palavra. E esto es que escrivió en aquel libro, que ssi el omne fuesse fforçado e neçessado para ffazer las obras, sserian en vano los mandamientos de la Ley, e sseguyrsse-ýa que fuesse vano el mostrar e el aprender e la libertad del albitrio

---

³⁰ Ms.: treologos. Vgl. Kap. 2, Anm. 7.
³¹ „De même, nous disons que toutes ces choses nouvellement survenues, Dieu les savait avant qu'elles existassent, et il les a sues de toute éternité." (III, 147).
³² Ms.: apurada mjente.
³³ Dt 22,8 „cum aedificaveris domum novam facies murum tecti per circuitum".
³⁴ Dies ist kein wörtliches Zitat aus Maimonides, der an dieser Stelle (S. 152) Dt 20, 7 („ne forte moriatur in bello / et alius homo accipiat eam") anführt.
³⁵ Ms.: possibiles.
³⁶ Bezieht sich vermutlich auf den Talmudkommentar von Maimonides und speziell den Traktat «Avot».

6a e todos ⟨6a⟩ los penssamientos e aparejamientos que omne ffiziesse para obrar e ffazer casas e allegar aver e ffuyr de las cosas de miedo.

E non nombró rrabi Mosse esto en este lugar para conffirmar la natura de la possibilidat abssolutamientre, ssinon para conffirmar la natura de la possibilidat en el omne en quanto es omne de Ley e voluntable. E assi, quando nombró la opinion terçera en el capitulo dizeseteno e que dixo que la possibilidat es en todas las cosas, conparándola a ellas, mas quando la conparamos a Dios, non es possibildat, e que non es ninguna cosa a él possible ssinon neçessado o inpossible[37], non desdennava él esta opinion por parte de rrazon ffilosofica, ssinon por parte de rrazon de la Ley e por mester de conffirmar la Ley en los coraçones de la gente, como sse provará en los capitulos que vienen despues déste. Mas Ysac, que la cuydó desatar por parte del estudio philosofico, ssegund que lo mostró en aquellas ssus tres rrazones, erró mucho, como lo provaremos en el capitulo que se sigue.

---

[37] „par rapport à Dieu, il n'y a absolument rien de possbile, et tout est ou nécessaire ou impossible" (III, 121).

⟨6b⟩ El capitulo IIII° es para desatar ssus rrazones ffilosoficas de Ysac contra esto.   6b

Esto es lo que, aunque ffuesse ssentençia que fforçasse e endebdasse a la cosa posible para seer en la una de las dos possibilidades, non sse siguirá por esto, como él dixo en la ssu rrazon primera, que la natura de la possibelidat ffinca camiada ⟨de possible⟩ en neçessidat, mas la natura de la possibilidat ffinca ssiempre en el pos[s]ible. Ca lo que es de la ssustançialidat de la cosa non sse tira nunqua della, e porque ella es possible de ssí misma, ovo mester obrador ffuera de ssí que la fforçasse para aver uno de los dos contrarios posibles, ssegund que lo nombré desuso en el cuerpo de la çera. E la possibilidat que sse tollió de la cosa quando ovo ella uno de los dos contrarios possibles, non era la possibilidat que avya de ssí misma, mas tollóssele en aquel tienpo la possibilidat que avya de otra cosa, e camióssele en neçesidat en aquel tienpo, ssinon que ovo la neçessidat temporal en el sseer temporal, e ovo la possibildat eterna ⟨6c⟩ en el sseer eterno, que non cae sso el   6c
tienpo. E esta es la manera de la possibildat que es en la materia primera para rreçebir todas las formas, maguera que ssea en cada tienpo con fforma ssennalada e propria. E por la possibilidat que es de ssí misma, que nunqua se tollió della, pudo seer que ffues[s]e tollida della esta otra possibildat fforana temporal, e que rreçibiesse ssu contrario de otro obrador ffuera de ssí. E tiene amas las dos cosas en uno: la neçessidat e la possibilidat, en dos grados demudados del seer, que sson el sseer temporal e el seer eterno, el qual el ssabio Abiçena le llamó por nombre el sseer divinal.

E esta fue la rrayz del yerro de Ysac en aquella ssu rrazon primera, porque non metió departimiento entre el sseer temporal e el sseer eterno. E el qui non pone departimiento entre ellos, non a parte en la sçiençia de la ffilosoffia, ssegund verdat. Ca las ssustançias e las mismidades[1] de las cosas, que sson los ssubjeptos de la philosoffia, non an sseer ssinon en el sseer eterno divinal, e los individuos, enquanto ⟨6d⟩ sson individuos, aquellos ssolamientre son falladas en el sseer temporal,   6d
e como lo provó el Abiçenna en la ssu «Metaffisica»[2].

Otrossi, ssegund ese yerro erró Ysac en la rrazon ssegunda, por parte que la voluntad e las cosas acçidentales son possibles, sinon que ennadió en ella otros yerros, los quales yo gelos nombraré adelante. E esto es que, assi como quando era la una de las figuras en el cuerpo de la çera[3], non sse tollió dél la possibilidat eterna que avya de sí para rreçebir todas las ffiguras, assi quando fuere sabido que tien aquella ffigura en aquel tienpo ssennalado, non sse tollió por esto dél la possibilidat que avya de ssí misma. Ca aquella ssabiduria era ssabiduria para endebdar el seer

---

[1] In der Bedeutung ‚Wesenheiten' (?).
[2] Ibn Sīnā (Avicenna). Wohl der die Metaphysik betreffende Teil seines «Kitāb aš-Šifāʾ» («Sanatio»).
[3] Ms.: çerra.

desta ffigura en el sseer tenporal tan solamientre, mas non en el sseer eterno. E en tal guisa, assi como quando ffuere ssabido que tien aquella ffigura ssennalada en aquel tienpo ssennalado, non sse tolló dél la possibilidat eterna, assi, quando ffuere ssabido de ante⁴ que avia aquella ffigura ssennalada en aquel tienpo ssennlado, non sse tolló dél ⟨7 a⟩ por esto aquella posibilidat eterna que avya de ssí mismo, ssinon que sse tolló la possibilida[t] tenporal que avya de parte de otro para aquel tienpo ssennalado, [e] sse mudó⁵ en nesçessidat tenporal en el sseer tenporal. E porende erró Ysaac en lo que dixo que non puede sseer en las cosas accidentales que ssean alcançadas nin ssabidas de ningund ssabidor ante que ssean en el mundo.

E aun erró otro yerro muy malo ademas: Esto ffue en lo que dixo que, ssi el animal ovyesse algund fforçador de ffuera de ssí para obrar el uno de los dos contrarios más que el otro, podríassele acaesçer en alguna vegada dos fforçadores: el uno para obrar la una contrariedat e el otro para obrar la ssegunda, e avria entonçe possibilidat para obrar⁶ amas las contrariedades en uno, pues que él por ssu natura puede fazer e obrar cada una dellas egualmientre; e esto es ffalsso. E Ysac en estas ssus palavras ffue como quien dize que, ssi el cuerpo de la çera ovyesse algund fforçador quel endebdasse a rreçebir la una de las ffiguras más que las otras, podríassele acaesçer ⟨7 b⟩ en algund tienpo que ovyesse dos fforçadores, el uno para darle la una ffigura, e el otro para darle otra ffigura, e avria entonçe possibilidat para rreçebir en uno las ffiguras contrarias, pues que él por ssu natura puede rreçebir todas las ffiguras egualmientre.

Mas esta conssequençia es ffalssa, porque ssabida cosa es que non deve sseer dicho en el cuerpo de la çera que él por ssu natura ssea aparejado para rreçebir todas las ffiguras en uno. Ca esto es inposible, de ajuntarsse los contrarios e las fformas e las ffiguras demudadas en un ssujeto, mas es dicho que el ssubjecto por ssu natura es aparejado para las rreçebir una en pos otra, segunt pujamiento de las causas que endebdan l⟨a o⟩bra una sobre otra en un tienpo, e non en otro. E quando non ffuere ffallado ssobrepujamiento de las causas que endebdan la obra una ssobre otra en un tienpo e non en otro, e quando non fuere ffallado ssobrepujamiento de las causas nuevas una ssobre otra, ffincará el subjecto con la fforma que tenia ante que la ovo por las causas desde ante, ca es inposible el ssubjecto de estar ningun tienpo sin ⟨7 c⟩ fforma. E desta parte conviene a dezir que las materias deçenden del çielo, porque los aparejamientos proprios que an para rreçebir fformas proprias ffueron por los movimientos de çielo, non que las materias non desçenden del çielo en alguna manera, como lo coydava Ysac, ssegund lo escrivió en aquel ssu libro. E porende non sse sigue, como dizie Ysac, que avria possibilidat el animal para ffazer amas las

⁴ Ms.: de ante + con ante.
⁵ Ms.: mundo.
⁶ Ms.: obras.

contrariedades en uno, si oviesse algund fforçador para obrar cada una delas dos contrariedades, mas síguesse que ffinque con la voluntad que tenia ante desto por rrazon de los movimientos de ante, e que non sse mude della por los dos fforçadores nuevos, que non ssobrepujo el uno ssobrel otro, como lo ante puso en su rrazon, e ffincará el ssobrepujamiento que ovo por rrazon de los movimientos de ante.

E la rrayz deste ssu error ffue en lo que ennadió en el predicado de la conclusion del silogismo[7] lo que non era en el predicado de la premis[s]a mayor. Ca de virtud de ssus palavras paresçe que tomó premissa menor ⟨7d⟩ postiza, la qual rrazon era la contradiçion en ella, e es esta que el animal ha forçador e enclinador ffuera de ssí para la una de las dos contrariedades ssolamientre, e ayuntole premissa mayor v[er]dadera, como es huso de fazer en el ssilogismo de la contradiçion. E es esta la premissa que el animal ha possibilidat para ffazer cada uno de los dos contrarios egualmientre, e concluyr a esto ssegund el modo primero o terçero de la ffigura terçera de las ffiguras del ssilogismo, que alguno que ovyer enclinador e fforçador para la una de las dos contrariedades ssolamientre, ha possibilidat para ffazer cada una de las dos contrariedades egualmientre. E Ysac, como non devya, ennadió en el predicado desta conclusion el vierbo que non era en el predicado de la premissa mayor, e dixo que el animal, el que es alguno que ha enclinador e fforçador para la una de las dos contrariedades ssolamientre, a possibilidat para[8] ffazer cada una de las dos contrariedades en uno. E ssi metiera el vierbo en el predicado de la premissa mayor, ffuera ⟨8a⟩ premissa mintrosa en ssí, como ya provamos, e non ffuera premissa verdadera, como devia sseer en el ssilogismo de la contradiçion; e más, que sserie ella misma conclusion mintrosa, la que devia sseer conclududa en el ssilogismo dela contradiçon, como concluduó él en lo que dixo que avria en él entonçe possibilidat para ffazer amas las contrariedades en uno. E esto sseria otro yerro, en tomar la conclusion del ssilogismo en lugar de premissa en él, mayormientre sseyendo ella rrazon ffalssa connosçida. E en esto conviene sseer dicho por él ssegund v[er]dat: „conçibió tuerto e parió ffalssedat"[9]; e quiça que ssolo camió la rrazon del vierbo que era en el predicado de la premissa mayor por rrazon del vierbo que ennadió en él, e púsole en ssu lugar; e seria esto otrossi yerro de más ssobre los otros. ¡E quanto es ésta grant prueva e ffuerte del ssu poco entendimiento e [de] la ssu fflaqueza en la sçiença de la logica!

E aun erró en la ssu rrazon ssegunda otro yerro non menor que éste, e es esto que escrivió assi: „E ssi me contradixieres en esta guisa ⟨8b⟩ que, pues que es en esta guisa la natura de todo animal para obrar cada una de las dos contrariedades egualmientre, e non ha ningund fforçador nin enclinador para obrar la una más que la

7d

8a

8b

---

[7] Ms.: filogismo.
[8] Ms.: e para.
[9] PsH 7, 15 „ecce parturit iniquitatem et concepto dolore peperit mendacium".

otra, sseria guisado que la una obra descubriesse[10] la otra, en guisa que sse le siguirá dexarsse e non obrar nada." E dixo: „Rrespóndote a esta rrazon, que todo animal, maguera que a ningun fforçador nin enclinador para cada una de las dos contrariedades más que la otra, con todo esso a despertador e rremovedor de parte de ffuera, para que obre la una dellas." E dixo que este rremovedor es llamado cobdiçia e escogimiento, e que sse cumplirá aquella obra quando sse le ayuntare otra virtud, que es no[n]brada ayuntamiento e concordançia. E esta virtud rremovedor non es fforçador nin enclinador, más es ayudador e aprovechador; ca ssi non, sseria la obra del alma voluntable natural.

E agora catad como ssobró la contradiçion que ffizo contra ssý, de que el animal non obraria nada quando ⟨8c⟩ non ovyesse algun enclinador de parte de ffuera, e rrespondió que ssi a[11] algund rremovedor e enclinador de parte de fuera con la concordança que por ella obra. E ssabida cosa es que la cosa que por ella obra con la concordança e que menos de ella non obra, aquel es el fforçador e enclinador para obrar. E ssi assi fuere, ya tiene enclinador e forçador de parte de fuera, como lo dizia el ssu contradezidor. E dixo despues desto que aquel rremovedor non es forçador nin enclinador, mas es ayudador e aprovechador. E agora, si el rremovedor de parte de ffuera non es enclinador en alguna manera, luego fincará el animal de ssin obra ninguna, como lo tenia el ssu contradezidor, e sseria aquel rremovedor ssin provecho e ssin ayuda para en esta rrazon, pues que non es enclinador en ninguna manera. E esto es desacuerdo e grant dubitaçon en él, ca tomó primero el rremovedor de parte de fuera por causa enclinador para obrar la ⟨8d⟩ una de las dos contrariedades, e quando vio que sse le ssiguiria desto a dezir, como dizia el ssu contradezidor, que non viene la obra por el omne ssolamientre, a menos de enclinador de ffuera, tornosse a dezir que el rremovedor de parte de ffuera non es causa enclinador. E cayó en el tornayro[12] de las palavras, que es falsso ssegund logica, e veno a dezir que la causa non sseria causa, e esto es ffalssedat cumplida[13].

E del ssu[14] grant error e su fuerte desacordança ffue que de cada una de dos premissas contraditorias concludió[15] una conclusion a dos conclusiones que sson de una rrayz e tornarán a una conclusion. E esto es que de la premissa que dizia que ssi el animal ovyesse algun fforçador para obrar la una de las dos contrariedades más que la otra, concludió él que faria amas las dos contrariedades en uno, e de la contradiçion de aquella misma premissa. E en[16] lo que dixo que el animal tiene posibi-

---

[10] Vielleicht Versehen für *destruyesse*.
[11] Ms.: ssi ca, *mit darübergeschriebenem* a.
[12] *tornayro*. Vgl. Kap. 2, Anm. 11.
[13] Ms.: cumplidat.
[14] Vielleicht zu verbessern zu: *E el su*.
[15] Ms.: cuncludio.
[16] Ms.: es.

lidat ssiemp*r*e para obrar cada una de las ⟨9a⟩ dos contrariedades, egualmientre con-   9a
cludió q*ue,* ssi assi fuesse, q*ue*daria e q*ue* non obraria nada.

Evat estas dos conclusiones, q*ue* obrasse¹⁷ amas las dos contrariedades en uno,
e q*ue* non obras[s]e ninguna dellas, sson de una rrayz. Ca de la possibilidat misma
que tiene el animal para obrar cada una de las dos cont*r*ariedades egualmientre sse
le ssiguyó q*ue* las obrasse amas en uno o q*ue* non obrasse ni*n*guna dellas, sino*n* q*ue*
de la possibildat para obrar era a dezir q*ue* dexasse de obrar cada una de las dos contrariedades. Egualmientre concludió q*ue*, [si] assi fuesse, q*ue*daria e q*ue* non obraria
nada¹⁸. E assi como dixo ⟨9b⟩ q*ue* obraria las dos contrariedades en uno por rrazon   9b
de los dos enclinadores cont*r*arios, assi deviera dezir, ssegund desto, q*ue* obrasse las
dos contrariedades en uno por rrazon de las dos possibildades q*ue* sson en él para
obrar, las quales tiene él q*ue* sson ellas las causas enclinadores para obr*ar*, e no*n* otra
cosa fuera de aq*ue*l posible. *E* él dixo q*ue* q*ue*daria e q*ue* non obraria nada, ssino*n*
porq*ue* tiene rremovedor de ffuera para obrar, e dixo q*ue* aq*ue*l rremovedor no*n* le
enclina para obrar. E ya descubrí las encubiertas de ssu yer[r]o en aq*ue*lla rrazon,
e la falssedat q*ue* enbolvió en ella.

E aun metió otro grant yerro en aq*ue*lla su rrazon ssegunda, e esso le ffue como
ffundamento para los más de sus yerros en esta rrazon. E esto es en lo q*ue* dixo por
que non sse torne el alma voluntable natural. Ca paresçe desto q*ue* él no*n* sopo el
dep*a*rtimiento q*ue* es entre la obra del alma voluntable e entre la obra del alma natural. E esto es q*ue* el obrador por nat*u*ra, como dixo él, o como¹⁹ ⟨9c⟩ deviera dezir,   9c
es el q*ue* non puede obrar de ssu nat*u*ra, ssinon de de la una las dos co*n*trariedes de
la cosa solamie*n*tre. E el obrador, q*ue* es anima²⁰ voluntable, es el q*ue* puede obrar
de ssu nat*u*ra cada una de las dos co*n*trariedades egualmie*n*tre, ca no*n* es fforçado
de ssí mismo e de ssu nat*u*ra para obrar la una dellas sola, como lo fazia el obrador
por natura. Mas el q*ui* la enclina para obrar la una dellas sola, es ssentimie*n*to de
alg*un*a cosa para los ssesos, o penssamiento, o fantasia, o ymaginaçion intellegible,
que aq*ue*llas son cosas q*ue* viene*n* de nuevo sobre él, segu*n* las causas q*ue* desçenden
del movimie*n*to de la esp*er*a, el qual movimie*n*to enduze las cosas nuevas enq*u*anto
son nuevas, como es provado en la «Metafisicia»²¹. Ca aq*ue*l movimie*n*to es como
el t*er*mino mediano q*ue* enduze el p*r*edicado para posar sobrel subjecto, como es
ssabido en la «Logica»²². Ca de aq*ue*llas cosas sse faz de nuevo el allegamie*n*to q*ue*

---

¹⁷ Ms.: obrassen.
¹⁸ Ms.: Der vorangehende Abschnitt von *Evat* bis *dexasse de obrar* wiederholt.
¹⁹ Ms.: como + de.
²⁰ Ms.: animal.
²¹ S. o., Anm. 2.
²² Vermutlich ist der betreffende Teil des Werkes von Avicenna gemeint. S. o., Anm. 2.

9d   a nonbre concordança, ⟨9d⟩ que es rrelaçon entre la virtud rremovedor e[23] la virtud ymaginador. E aquella concordança que sse fizo de nuevo, aquella es la voluntad cumplida, que es la concordança para ffazer la obra; ca quando sse mueve la virtud removedor de parte de la virtud ymaginador por rrazon de aquella relaçion que sse ffizo nuevamiente entrellos, entonçe mueve la virtud rremovedor a la calentura natural, e mueve ella los mienbros forçadamiente, e entonçe es la obra, como sse provó en el libro segundo del «Alma».[24]

Mas lo que dixo Ysac en ssu rrazon terçera, que el alma de rrazon es separada e apartada de manera que por ende non an poder los cuerpos çelestiales para obrar en ella ninguna cosa, es esto yerro otrossi. E esto es porque las obras del alma del omne non vienen todas della en quanto es rrazonable e de entendimiento. E por ende podria el contradezidor dezirle que obraria en ella algun obrador material de la
10a parte que non es ella rrazonable, mayormientre ⟨10a⟩ que obraria en ella algund otro obrador apartado de materia. E más, que el alma humanal non es toda sseparada como lo él cuidó, salvo el entendimiento ganado ssolamientre, que aquel mismo es el entendimiento agente, ssegund Abenrrost. El qual entendimiento non obra ninguna cosa sinon con medianeria del entendimiento passivo, el qual por él dixo Aristotiles[25] que es generado e corrupto. E assi escrivió rabbi Mosse el Egipçiano en el capitulo LXXVI° de la parte primera del su libro «Mostrador de los Dubdosos» que la virtud de razon es potençia en cuerpo, e non sseparada nin apartada dél[26].

Mas lo que dixo Ysaac en esta ssu rrazon terçera, que lo tomó de rabbi Mosse en lo que dixo que, ssi los accidentes del omne viniessen por sse[n]tençia e nesçessidat, sserian desatados los entendimientos de la nuestra santa Ley e sserian vanos todos sus mandamientos e defendimientos, desatarle-é yo primero ssus palavras en ello, e despues nonbrarle-é la escusa e el vandeamiento[27] para rrabi Mosse e a los otros
10b ssabios que dixieron ⟨10b⟩ tal como él.

---

[23] e + entre.
[24] Aristoteles, «Peri psychēs».
[25] Ms.: aristotiles.
[26] Die Kapitelangabe ist offenbar fehlerhaft. Gemeint ist wohl Kap. LXVIII.
[27] Wohl in der Bedeutung ‚Hilfe', ‚Unterstützung'.

El capitulo V° es para mostrar que fue mester seer dada Ley, maguera que Dios sepa eternamientre las cosas, e para desatar sus razones de Ysac que aduxo de la Ley en esto.

E digo que, aunque los acçidentes del omne viniessen por sentençia e nesçessidat, non seria la Ley por esto vana, como lo dixo él. E esto es porque las causas medianeras entre la causa primera e entre el ssoffridor de la obra, non conviene a dezir dellas que sson vanas, ssinon que son approvechadoras e ayudadoras en la obra ssin dubda. E quando la voluntad de Dios fuere, ssegund la ssu sapiençia eterna, para dar cunplimiento a algund omne e darle enderesçamiento en ssus costunbres, es mester ssin dubda, ssegund la natura conviniente, mostrarle lugar e camino que le ssea causa medianera para ello, e como lo nombré de dichos de Aristotiles en el «Libro del sseso [e] enssesado»[1], e que esto ffue la poridat grande e la sapiençia ffuerte. E paresçe muy bien que el lugar e el camino universsal conviniente para esto es la Ley que ffue dada de Dios por manera ⟨10c⟩ de la poridat grande e de la ssapiençia fuerte que nombró Aristotiles, ca aquella será de buelta de las causas medianeras entre la causa primera e el ssofridor de la obra. E como lo que escrivió rabbi Mosse en el capitulo XLI°[2] de la parte ssegunda de ssu libro «Mostrador de los Dubdosos», que la Ley, maguera que [non] es natural, es ençerrada en buelta de las costunbres de la natura, e que ella ffue de la ssapiençia de Dios para mantener este humanal linage en la manera que quiso que ffuesse[3]. E el ome que sse mantoviere ssegund esta Ley, aquel es el que sserá en él la guarda de Dios, primeramiente por esta parte, e ssegund lo que nombré por dichos de Aristotiles.

E pues que esto es asi, non sse ssigue a dezir, como dixo Ysac, que todos ssus mandamientos de la Ley e ssus defendimientos serian vanos, ssi los acçidentes del omne viniessen por ssentençia e nesçessidat, ssinon ssi fuesse dicho assi segund el entendimiento comun de la gente, como lo nonbré en el «Libro de la Poridat de la Rretribuçion». E por este entendimiento del comun de los omnes ⟨10d⟩ dixo Ssalamon en el libro «Eclesiastes»: „Caté yo para veer sapiençia e locura e nesçedat, ca ¿qué es el omne que venga despues del rrey a lo que ya ffizieron?"[4], como que diz: „Yo caté e estudié para veer e ssaber qual provecho es en la ssapiençia para enderesçer las faziendas de los omnes, o que mengua es por la locura e la nesçedat que

---

[1] S. Kap. 3, Anm. 19.
[2] Ms.: xlj°.
[3] „C'est pourqoi je dis que la loi, bien qu'elle ne soit pas naturelle, entre pourtant, à certains égards, dans la catégorie du naturel; car il était de la sagesse divine, pour conserver cette espèce dont elle avait voulu l'existence, de mettre dans sa nature (la condition) que les individus possédassent une faculté de régime." II, 308.
[4] Ecl 2, 12 „transivi ad contemplandam sapientiam errorsque et stultitiam / quid est inquam homo ut sequi possit regem factorem suum".

aya el omne, pues que todo es ssentençiado del Rey del Mundo. Ca ¿qué podrá el omnne fazer a venir a ennader e a menguar en lo que ya ffizieron?" Quiere dezir que lo fizieron Dios e los de ssu corte, como que diz él con las otras causas. Ca es sentençia con jura, que nunqua puede aver corronpimiento, e esto por parte que es firmada de todas ssus causas. Ca el vierbo ,jura'es dicho en el caldeo[5] ,ffirmamiento', e assi dixieron los sabios del Talmud que la sentençia de Dios, que es con jura, nunqua puede aver corronpimiento. E assi dixieron sobre este viesso, que por esso non dixo que „lo fizo", sinon que „lo ffizieron", por dar a entender que Dios e los de su corte concordaron sobre cada ⟨11a⟩ mienbro e mienbro que es en ty que le pusieron en ssu manera.

11a

E sseguyrsse-ýa de aquel estudio lo que dizen los nesçios, que non es provecho ninguno en la Ley nin en ssus mandamientos. E él rrespondió a esto e dixo: „Vi yo que es avantaja en la sçiençia más que en la nesçiedad, como la avantaja de la luz más que la tiniebra."[6] E ten mientes que non dixo aqui „caté yo para ver" como lo dixo ssuso, quando ffazia question e contradiçion dubdando a la sçiençia, mas dixo „vy yo", como que diz „e ssope verdat que es avantaja a la sçiençia más que a la nesçiedat, ca la sapiençia es como luz que demuestra lugar e camino para aver bien los justos que escucharen e rreçibieren la Ley", e como lo que dixo en ffin de aquella rrazon. Ca el omne que es bueno antél, diole sapiençia e ssaber e alegria, como que diz que al omne que ffue bueno e derechero ante Dios segund el ssu saber eterno que ssea bueno e justo, diole ssapiençia e ssaber con que pueda sseer bueno ante él. Ca de sin esto ⟨11b⟩ non podria sseer bueno ante él. E como lo que dixieron los sabios del Talmud, que el omne nesçio non a miedo de pecar e el omne mundanal non es bueno cumplido. E dixo Ssalamon otrosi: „La sapiençia vivifica a ssu duenno"[7]. E dixo en otro viesso: „La sapiençia enfortalesçe al ssabio."[8] E asi otros tales viessos como estos, que muestran esta rrazon.

11b

E para esto ffue mester la Ley e los mandamientos e los deffendimientos, para sseer causas medianeras de Dios para dar ssalvaçion a los que sse an de salvar. E por esso dixieron algunos ssabios que Dios crionos ssin nos, e non nos salvará ssin nos. E dixo el ssabio Hillel[9]: „Ssi yo non fuere para mí ¿quien sserá para mí?" E desta parte ssolamiente sserá el poder del omne dado en ssu mano e el ssu albitrio libre. E aun sse provará esto más en el capitulo sseptimo, quando ffablaremos en lo que es mester el omne entremeter e trabajar en ssus ffaziendas, maguera que Dios sopo eternamiente e que cata particularmiente en todas las cosas.

---

[5] Aramäisch.
[6] Ecl 2, 13 „et vidi quia tantum praecederet sapientia stultitiam quantum differt lux tenebris".
[7] Ecl 7, 13 „hoc autem plus habet eruditio et sapientia quod vitam tribuunt possessori suo".
[8] Ecl 7, 20 „sapientia confortabit sapientem super decem principes civitates".
[9] Hillel I, ,der Alte'.

⟨11c⟩ El capitulo ssesto es para dar rrazon del galardon e de la pena por los mandamientos e defendimientos de la Ley, maguera que Dios ssabe eternamientre todas las cosas, e mostrar rrazon por que sson en el mundo justos que an bien e justos que an mal, e malos que an bien e malos que an mal, e para desatar ssus rrazones e sus palavras de Ysac que ffabló ssobresto.

E digo que lo que dixo Ysac, que non seria guisado al justo que rreçibiesse galardon por sus buenos fechos nin que diesse pena al malo, ssi todas las ssus obras dellos viniessen por sentençia e nesçessidat, es conssequençia ffalssa. E esto es porque las rretribuçiones ssiguen a las obras, como ssigue el causado a ssu causa o a parte de ssu causa, çercana o alongada. E como dize en el libro Midras Tilim[1], que dixieron a Adam, omne primero: „Quiça que Dios te fizo alguna cosa con que te alinnó porque muriesses." E díxoles él: „Non lo mande Dios que yo dixiesse esso, mas yo me lo alinné a mí mismo." ⟨11d⟩. Ca por esso dixo el viesso del arvol de ssaber bien e mal: „non comas dél, ca en el dia que comieres dél, morir morrás"[2]; que quiere dezir que el arvol era malo e peligroso para la muerte.[3] E assi escrivió rabbi Abrahan bar Hia[4], que el arvol era alinnador de la muerte por ssu naturaleza del arvol e por ssu rrazon, non por la pena del peccado. E esto es como el que dize: „Non tangas al fuego, porque non te quemes." E el que tanxo el fuego non sse quemó porque passó contra el defendimiento, ssinon por la natura que es en el qui tanniere el ffuego que sse queme. E assi lo que dixo rrabi [Y]ohanan[5], que desdel dia que dixo Dios: „vey que di ante ty oy la vida e el bien, e la muerte e el mal"[6], non ssalió bien nin mal de boca de Dios; mas el mal sale por ssí ssobre los que fazen el mal, e el bien ssobre los que fazen el bien. Como dixo Jeremias: „De boca del Alto non salen los males nin el bien".[7] Quiso dezir que el bien e el mal, los que sson ga⟨12a⟩lardon e pena por las obras de los mandamientos, que sson la vida e el bien, e la muerte e el mal, vienen por ssí ssobre los obradores, porque sson, como dixiemos, ssiguyentes a las obras, como ssigue el causado a ssu causa. En lo que dixo que desdel dia que dixo Dios: „vey que di ante ti la vida e el bien", dio a entender que non fabla en otros bienes nin males, ssinon de los que sson galardon e pena por las obras de los mandamientos que ffueron mandados al tienpo que fue dada la Ley, e con lo que dixieron ellos que

---

[1] Midraš T(ĕh)illim. Auslegungs-Midrasch zu den Psalmen.
[2] Gn 2, 17 „ne comedas / in quocumque enim die comederis ex eo morte morieris"".
[3] Ms.: Auf *muerte* folgt nochmals *e yo alinné a mi mismo*. Vielleicht ist auch etwas ausgefallen.
[4] Abraham bar Ḥiyya (Barcelona, erste Hälfte 12. Jh.); S. Y. Baer, *A History of the Jews in Christian Spain*, 1971, I, 54.
[5] Vermutlich Joḥanan bar Nappaḥa (um 200–279).
[6] Dt 30, 15 „considera quod hodie proposuerim in conspectu tuo vitam et bonum / et e contrario mortem et malum".
[7] Lam 3, 38 „ex ore Altissimi non egredientur nec mala nec bona".

la Ley ffue ante que ffuesse el mundo criado. Porque la verdad universal non a comienço temporal, e por ende non ssale el bien e el mal por ssentençia nueva de boca de Dios en cada tienpo e tienpo, mas ellos ssalen por ssí de la ssentençia eterna de Dios.

E assi escrivió rrabi Mosse el Egipçiano que la entençion de la Ley e de todos los mandamientos fue para darnos provecho en enderesçar las almas e los cuerpos. ⟨12b⟩ E como dixo el viesso en la propheçia de Ysayas: „Yo, Domino tu Dios, te abezo para aprovecharte, e te acarreo en camino que andes."[8] E dixo Helihu a Job: „Cata los çielos e vey, e ten mientes a los firmamientos quanto sson más altos que tú, e ssi pequeste ¿qué obras en él e qué muchos sean tus peccados que ffazes a él? E ssi justo ffuste ¿qué das a él, o qué toma de tu mano? Para varon tal como tú es tu maldat, e para ffi de omne tu justiça."[9] E esto es como lo que dixo Elifaz el Timam a Job: „Si a Dios aprovecha el omne ¿quándo aprovecha ssobre ellos el entendudo? Si es voluntad al abastado ¿quándo te justifiques? E ssil es provecho ¿quándo enderesças los tus caminos?"[10] E dixo otrosi: „¿Qué cosa es el omne quando sse alinpia[11], e quando sse justifique el nasçido de muger? He en ssus justos non ffia, e los çielos non sson buenos en ssus ojos, mayormientre el aborrido ⟨12c⟩ e el desfecho varon, que beve como agua el tuerto."[12] Otrossi Bildat el Suhi dixo: „¿Qué sse puede justificar varon con Dios, e qué sse puede alimpiar nasçido de muger? he ffasta la luna[13] non alumbra, e estrellas non sson limpias[14] en ssus ojos, mayormientre el omne que es vierben, e ffi de omne que es gusano."[15]

E la entençion de todos estos ffue para dezir que non a [e]n todas las cosas criadas, non en las altas, mayormientre en las baxas, ninguna cosa estable nin cunplida en ssí porque pudiesse aprovechar a Dios ninguna cosa, por justiçia nin por bondat que pudiesse aver. Mas la justiçia e la bondat del omne aprovechará a aquel mismo que la fiziere tan ssolamientre, e a los otros tales como él; e assi la maldat enpeesçrá a él

---

[8] Is 48, 17 „ego Dominus Deus tuus docens te utilia gubernans te in via qua ambulas".

[9] Iob 35, 5–8 „suspice caelum et intuere et contemplare aetherea quod altior te sit / si peccavis quis ei nocebis et si multiplicatae fuerint iniquitates tuae quid facies contra eum / porro si iuste egeris quid donabis ei aut quid de manu tua accipiet / homini qui similis tui est nocebit impietas tua et filium hominis adiuvabit iustitia tua".

[10] Iob, 22, 2–3 „numquid Deo conparari potest homo etiam cum perfectae fuerit scientiae / quid prodest Deo si iustus fueris aut quid ei confers si inmaculata fuerit via tua".

[11] Man würde erwarten alinpie.

[12] Iob, 15, 14–16 „quid est homo ut inmaculatus sit et ut justus appareat natus de muliere / ecce inter sanctos eius nemo inmutabilis et caeli non sunt mundi in conspectu eius / quanto magis abominabilis et inutilis homo qui bibit quasi aquas iniquitatem".

[13] Ms.: luna e non.

[14] Ms.: limpios.

[15] Iob 25, 4–6 „numquid iustificari potest homo conparatus Deo aut apparere mundus natus de muliere / ecce etiam luna non splendet et stellae non sunt mundae in conspectu eius / quanto magis homo putredo et filius hominis vermis".

e a los otros omnes tales como él. E como lo dixo el Rey Salamon: „Ssi ssabio fuste, sabio fuste para ty, e ssi fuste peccador, tú solo[16] te lo padesçrás."[17]

E assi lo escrivió rrabi Mosse bar Nahaman[18], glosando ⟨12 d⟩ aquel viesso que dixo „a varon tal como tú es la tu maldat, e al ffi de omne tu justiçia"[19]: „Pues no es llamado el mal maldat, ssinon por varon tal como tú, quel enpeesçrá, e la justiçia es llamada bien por fi de omne, quel aprovechará. Ca por bien de los omnes criados ffuéronles mandados mandamientos por sseer mantenidos en derecho e en juyzio." E esta ffue la entençion en otro viesso que dixo Ssalamon en el libro «Eclesiastes»: „Ca otrosi ssé yo que será bien a los temientes a Dios que temieren antél, e bien non sserá[20] al malo, nin alongará dias, assi como lo ffaze la ssonbra, quien non temiere ante Dios."[21] Ca por esso dobló la palabra e dixo „que temiere[n] antél" depues de que dixo „a los temientes de Dios". Como que dixo: „yo ssé por çierto que por parte de que temen a Dios avrán bien, maguera que puede sseer que ayan mal por otra parte". Como lo que dixo en otro viesso: ⟨13 a⟩ „Ha justos que los alcança como obra de los malos."[22] E assi dobló él lo que dixo que non teme[n] ante Dios, despues que dixo „bien non será al malo." Ca esto es doblamiento de palavra, porque el malo es el que non teme ante Dios. E como que dixo en esto que por parte que el malo non teme ante Dios non avrá bien, maguera que oviesse bien de otra parte. E como dixo en otro viesso: „Ay malos que les alcança bien como obra de los justos."[23] E aquellas otras partes por do viene mal a los justos e bien a los malos sson las causas que desçenden unas de otras, como por cadena, desde la primera causa; que sse mezclan unas con otras. Non que vengan aquellas causas por acçidente soluto[24] e desanparado, como lo cuydan los nesçios, mas vienen con entençion e mientes de Dios e su guarida.

Ca por esso dixo Ssalamon: „Ssi soberviamiento del pobre e rrobamiento de juyzio e de justiçia vieres en la çibdat, non te ⟨13 b⟩ maravilles ssobre la voluntad; ca alto de sobre alto guarda, e altos de sobre ellos."[25] Ca llamó las causas „alto e altos", porque el causado desçiende dellos. E dixo que non sse deve omne maravillar en dezir „¿porqué fue la voluntad de Dios que oviesse en el mundo soberviamiento de

---

[16] Ms.: tu solo *wiederholt.*
[17] Prv 9, 12 „si sapiens fueris tibimet ipsi eris si inlusor solus portabis malum".
[18] Wohl Moses ben Naḥman (Nachmanides) aus Gerona (13. Jh.).
[19] Iob 35, 8 „homini qui similis tui est nocebit impietas tua et filium hominis adiuvabit iustitia tua".
[20] Ms.: sseria.
[21] Ecl 8, 12–13 „ego cognovi quod erit bonum timentibus Deum qui verentur faciem eius / non sit bonum impio nec prolongentur dies eius / sed quasi umbra transeant qui non timent faciem Dei".
[22] Ecl 8, 14 „sunt iusti quibus multa proveniunt quasi opera egerint impiorum".
[23] Ecl 8, 14 „sunt impii qui ita securi sunt quasi iustorum facta habeant".
[24] Wohl in der Bedeutung ‚frei', ‚zufällig', ‚nicht determiniert'.
[25] Ecl 5, 7 „si videris calumnias egenorum et violenta iudicia et subverti iustitiam in provincia non miseris super hoc negotio / quia excelso alius excelsior est super hos quoque eminentiores sunt alii".

pobre e rrobo de juyzio e de justiçia?", nin que deve dezir otrossi que non viene esto con ssu voluntad de Dios, e ssinon que viene por acçidente ssoluto e desanparado; mas viene por las muchas causas que sson llamadas „alto e altos", e que las unas ssobrepujan sobre las otras, e que cada una dellas guarda su ordenamiento e su mandamiento. Ca desto sse sigue a las vezes torçimiento del juyzio e acostamiento[26] del derecho connosçido a los om[n]es, que es aver los justos mal e los malos bien.

13 c   E aquellas causas que endebdan mal a los justos e bien a los malos son las ⟨13 c⟩ encubiertas que nombró Moysen en lo que dixo en el viesso [de] «Deuteronomi»: „Las encubiertas a Domino nuestro Dios e las descubiertas a nos e a nuestros ffijos ffasta ssieglo para ffazer los mandamientos desta Ley"[27]. Como que diz que lo que es descubierto e connosçido para sseer enderesçó a nos e nuestros ffijos fasta ssieglo, es que fagamos todos los mandamientos desta Ley, ssinon que ay otras encubiertas, que non es nuestro de trabajar en ellas, ssinon que Dios solo trabaja en ellas, las quales por ellas sse demuda el ordenamiento de la retribuiçon ssobre los omnes, por quanto son materiales posibles e passivos, como sse endebdó de aquellas causas encubiertas a sseer éste justo e éste malo.

    E desto sse ssigue la predestinaçion, e ésta ffue la entençion en la ffin del libro «Eclesiastes», en lo que dixo: „La ffin de la cosa todo es oydo. A Dios teme e ssus mandamientos guarda, ca esto es todo el omne. Ca todo fecho aduze Dios con juy-
13 d zio sobre todo lo ⟨13 d⟩ encubierto, ssi bien, ssi mal."[28] Quiere dezir que la ffin de toda la cosa que es dicho en este libro, e la conclusion que nasçe de sus disputaçiones e ssus rrazones, es lo que ya ffue oydo desde el tienpo que ffue dada la Ley, que ffue oyda e rreçebida de Israel, que dixieron por ella: „Faremos e oyremos."[29] E es esto que tema cada uno de los omnes a Dios e que guarde ssus mandamientos. E dixo „ca esto es todo el omne" como que diz „es el sostinimiento del linage de todos los omnes, e ssu mantenimiento". E aquello es lo que cada uno dellos deve buscar e trabajar en ello. E en lo que dixo „ca todo ffecho aduze Dios con juyzio", quiso dezir que no nos deven contradezir en esto por lo que es fallado justo que a mal e malo que ha bien, ca aquello es la cosa que es encubierto ssu juyzio e ssu derecho de los omnes. Ca todo fecho que omne ffaze o le es fecho, adúzegelo Dios con juyzio dere-
14 a cho. E en lo que dixo „ssobre todo lo encubierto, ⟨14 a⟩ ssi bien, si mal", quiso dezir que aun lo que es encubierto sso juyzio de los omnes, que aquello es bien a los

---

[26] In der Bedeutung ‚Anpassung'.
[27] Dt 29, 29 „abscondita Domino Deo nostro quae manifesta sunt nobis et filiis nostris usque in aeternum / ut faciamus universa legis huius".
[28] Ecl 12, 13–14 „finem loquendi omnes pariter audiamus / Deum time et mandata eius observa hoc est enim omnis homo / et cuncta quae fiunt adducet Deus in iudicium / pro omni errato sive bonum sive malum sit".
[29] Dt 5, 27 „tu magis accede et audi cuncta quae dixerit Dominus Deus noster tibi / loquerisque ad nos et nos audientes faciemus ea".

malos e mal a los justos, adúzelo Dios con juyzio derecho. E como lo que dixo en el otro viesso „non te maravilles sobre la voluntad, ca alto de sobre alto guarda". E nombró este vierbo „todo" en lo que dixo „ssobre todo lo encubierto", por ençerrar el bien de los malos con el mal de los justos, porque non tienen el comun de los omnes por tan ffuerte cosa el bien de los malos. Ca dizen que aquello es de la grant ffranqueza de Dios e la su piadat sobre todos ssus criados, como descende lluvia tan bien para los malos como para los buenos[30]; mas el mal de los justos, aquello es lo que tienen por muy ffuerte además, e en aquello entienden el torçimiento del juyzio que ellos tienen por derecho.

E para adobar esta question e mostrar que non es tuerto de Dios, ffue conpuesto el «Libro de Job», como lo esplané en el «Libro de la Rretribuçion». E puede sseer que el vierbo „todo" en⟨14b⟩çierra otrosi en este viesso el galardon e la pena por los mandamientos e los peccados, porque esto otrosi es encubierto ssu juyzio e ssu derecho de los más om[n]es. E como dixieron los ssabios del Talmud, que non ssabe omne qual es el galardon de los mandamientos, e dixieron otrossi que preguntó Moysen a Dios que porqué es en el mundo justo que ha bien e justo que ha mal, e malo que ha bien e malo que ha mal, maguera que paresçe a algunnos omnes que non era mester de preguntar porqué es justo que ha bien nin porqué es malo que ha mal, ca tienen que éste es juyzio guysado e derecho. Mas la pregunta es mucho mester segun los entendidos que otorgan la nesçessidat, mayormiente ssegund lo que dixo Helihu a Job: „Ssi pequeste ¿qué obras en él? e qué muchos ssean tus peccados ¿qué fazes a él? E ssi ffuste justo ¿qué das a él, o qué de tu mano toma?"[31]

E ésta es la pregunta que es dicha entre los teologos de los christianos pregunta de la predestinaçion, e la rrespuesta universal ⟨14c⟩ de todo esto es lo que dixo el rrey Salamon: „Ca alto de ssobre alto guarda e altos de ssobre ellos."[32] Ca en esta rrazon conprehende a lo que los más de los omnes sse maravillan dello, que es justo que a mal. E como lo que dixo „non te maravilles ssobre la voluntad"[33], assi como ençerró en ella que non sse maravillan dello los más de los omnes que es justo que ha bien; e en tal guysa es malo que ha bien, e malo que ha mal. E por ende los ençerró otrosi, como ya nombré, en lo que dixo: „ssobre todo lo çelado, ssi bien, ssi mal"[34]. E non dixo el viesso „ssi mal, ssi bien", mas dixo „ssi bien, ssi mal", por amor de nombrar las cosas ssegund de orden derecha. Ca nombró en comienço lo que era más descubierto, que era bien a los buenos, e esto es lo que dixo: „A Dios

---

[30] Mt 5, 45 „et pluit super iustos et iniustos".
[31] Iob 35, 6–7 „si peccaveris quid ei nocebis et si multiplicatae fuerint iniquitates tuae quid facies contra eum / porro si iuste egeris quid donabis ei aut quid de manu tua accipiet".
[32] S. o., Anm. 25.
[33] S. o., Anm. 25.
[34] S. o., Anm. 28.

14d teme e ssus mandamientos guarda."³⁵ E despues nombró el bien de los malos, que non es derecho tan descubierto, ssinon que es encubierto algund poco; e a postremas nombró el mal de los justos, que es mucho encubierto. E todo ⟨14d⟩ esto ffue nombrado en la Ley en manera de rreçibimiento, como dixo „todo ffue oydo."³⁶ Ca dixo Salamon: „a Dios teme", como dixo el viesso en la Ley: „¿qué demanda Domino tu Dios de ty, ssinon para temer a Domino tu Dios"³⁷, e otros tales viessos. E dixo Salamon: „ssus mandamientos guarda"³⁸, como dixo en la Ley „por guardar los mandamientos de Domino e ssus ffueros"³⁹, e otros tales viessos. E dixo: „ca esto es todo el omne"⁴⁰, como diz en la Ley: „por que sse amuchiguen vuestros dias e dias de vuestros ffijos ssobre la tierrra que juró Dios a vuestros parientes para darvos como dias del çielo ssobre la tierra"⁴¹, e otros tales viessos. E dixo Ssalamon: „ca todo ffecho aduze Dios con juyzio"⁴², como dize en la Ley: „el Ffuerte ssin macula es ssu obra, ca todos ssus caminos sson juyzio"⁴³, e otros tales viessos. E dixo Ssalamon: „ssobre todo lo encubierto"⁴⁴, como diz en la Ley: „Las encubiertas a Domino nuestro Dios."⁴⁵ E dixo otro viesso: „Engraçiaré al qui engraçiare, e piadaré al qui piadare."⁴⁶ E como lo esplanaron los ...⁴⁷

---

³⁵ S.o., Anm. 28.
³⁶ S.o., Anm. 28.
³⁷ Dt 10, 12 „quid Dominus Deus tuus petit a te / nisi ut timeas Dominum Deum tuum".
³⁸ S.o., Anm. 28.
³⁹ Dt 6, 2 „et custodias omnia mandata et praecepta eius".
⁴⁰ S.o., Anm. 28.
⁴¹ Dt 11, 21 „ut multiplicentur dies tui et filiorum tuorum / in terra quam juravit Dominus patribus tuis ut daret eis quamdiu caelum inminet terrae".
⁴² S.o., Anm. 28.
⁴³ Dt 32, 4 „Dei perfecta sunt opera et omnes viae eius iudicia".
⁴⁴ S.o., Anm. 28.
⁴⁵ Dt 29, 29 „abscondita Domino Deo nostro".
⁴⁶ Ex 33, 19 „et miserebor cui voluero / et clemens ero in quem mihi placuerit".
⁴⁷ Die Handschrift weist hier, ohne daß es die Paginierung anzeigt, eine Lücke von mindestens einem Folio auf.

[El capitulo sseteno es para mostrar rrazon que los omnes an mester trabajar e entremeter en ssus ffaziendas, maguera que Dios ssabe particularmientre todas las cosas, e mostra escusaçion por rrabi Mosse el Egipçiano e otros ssabios que ffablaron en este ffecho.]¹

⟨15a⟩ „... [pensa]mientos del coraçon, e de Domino es la rrespuesta de la lengua"², como que diz que aun el moviemiento de la lengua a rresponder a dezir algo non es siempre en poder del omne solo, maguera que él ordena en ssu coraçon las palavras que ffablará. E dixo Ysayas que Dios cria la fabla de los labros.³ E dixo Salamon: „Oreja oyente e ojo veyente, Dios los ffizo a a[n]bos."⁴ E dixo en otro viesso: „Toda carrera de omne es derecha en ssus ojos, e conponedor de los coraçones es Dios."⁵ E otros muchos viessos de ssin estos muestran esta rrazon. Mas el amostrar e el aprender todas las obras de los penssamientos e todos los ap[ar]ejamientos para fraguar casas e ganar algo e ffuyr de los tienpos del miedo, todo esto aprovecha de parte de la possibilidat eterna, que es en las cosas, como diximos, maguera que non aprovecha en todo tienpo nin en todas las cosas, e esta es la manera de sçie[n]çia de la ffisica, e del lavor de la tierra, e de todas las otras obras e sçiençias posibles.

E ahun las sçiençias que son nescessarias por ⟨15b⟩ una parte e possibles por otra, ssegund la sçiençia de la astrologia, quiero dezir que aprendellas e mostrallas e trabajar en ellas aprovecha a las vezes en el sseer temporal, e a las vezes non. E pues que aprovecha muchas vezes, non conviene a dezir della que es vanidat. E esta ffue la entençio[n] de Aristotiles e todos los philosofos v[er]daderos en ffirmar la possibilidat eterna en las cosas posibles, que non las⁶ çircunda ningund ssaber. Ca de parte de la possibilidat ssustançial eterna, que es en las cosas posibles, non las çircunda ningund ssaber.⁷ E esto es porque la verdat ssenn[al]ada nin la mentira sennalada non posan en ellas, que sson posibles de aquella parte. Mas de parte de nesçessidat tenporal, que es de las causas temporales, non las circunda⁸ el ssaber del omne, que es corto e que es tomado de las cosas que sson en el mundo [...]⁹ ante que ssean en el mundo, pues que aun non ovieron el seer, el qual es causa de la verdat e de la mentira en ssaberlas ⟨15c⟩ el omne, mas çircúndalas el ssaber de Dios, que es enffinido e que es causa para ssu sseer dellas.

---

¹ Die Kapitelüberschrift ist dem Inhaltsverzeichnis entnommen.
² Prv 16, 1 „hominis est animam praeparare et Dei gubarnare linguam".
³ Is 6, 7 „et tetigit os meum et dixit / ecce tetigit hoc labia tua".
⁴ Pv 20, 12 „aurem audientem et oculum videntem Dominus fecit utrumque".
⁵ Pv 21, 2 „omnis viri via recta sibi videtur adpendit autem corda Dominus".
⁶ Ms.: los.
⁷ Der Text scheint hier verderbt zu sein.
⁸ Ms.: circundo.
⁹ Hier fehlt offenbar etwas.

E assi escrivió rrabi Abraham ben Hezra[10] en la glosa del libro «Eclesiastes» que el omne ssabe las espeçias e non ssabe los individuos que nasçen del[l]as, porque non an ffin nin cuento entre los omnes; mas el Criador ssolo ssabe las espeçias e los individuos, porque todos sson obra de ssus manos. E assi en el «Libro de la Poridat de la Rretribuçion» prové esto de los dichos de Helihu en lo que dixo: „En mano ençier[r]a todos los omnes para ssaber todos los varones de ssus obras."[11] E esta ffue la entençion de rrabi Mosse para ffirmar la possibilidat eterna en el humanal linage, non para toller della[12] la sabiduria de Dios, que circunda todas las causas e que endebda el sseer de las contrariedades a las cosas posibles en un tienpo ssin otro, ssegund el movimiento de la espera, que endebdan[13] los tienpos e las otras causas de

15d la otra parte, que caen so el tienpo. ⟨15d⟩ E como lo que escrivió el Abiçebna, e assi el Algazel, que en lo que Dios ssabe la ordenaçion de todas las causas, ssabe todas las possibilidades ssin dubda, de ssin que sse le amuchiguen ssaberes apartados, ssinon que en manera de todo las ssabe todas; e que el astrologo, porque pescuda de algunas de las causas ssolamientre e non puede circundar e ssaberlas todas, ha dubda en su juyzio. E ssi pudiesse sseer que alcançasse todas las causas, sseria ssu juyzio cumplido e ssu ssaber verdadero çierto.

E por esso erró Ysaac en lo que dixo que las obras acçidentales sson las que son fechas e obradas de ssin ninguna entençion e ssin demandar ninguna[14] ffin en ellas, e que ssi las obras acçidentales ffuessen ssentençiadas e que viniessen por manera de nesçessidat, sserian entonçe ffechas con ente[n]çion de aquel nesçessador e sserian obras voluntables, e sseria entonçe el acçidente non acçidente. Ca paresçe desto que non entendió Ysaac quales sson las obras acçidentales, e esto es porque non es dicho

16a en ellas en palavra ssoluta[15] ⟨16a⟩ que ssean de ssin ninguna entençion e ssin ninguna fin en ellas, ca esto sseria eregia en negar el ordenamiento del ordenador e del ssaber eterno. Mas sson sin entençion de obrador sennalado, al qual en conparaçion dellas a él son obras acçidentales; mas por parte que las obras acçidentales sson de buelta de las possibles, avrán un juyzio para aver nesçessidat de otros ffuera de ssí en este seer tenporal.

E esta nesçessidat es del ordenamiento figurado en la ymaginaçion de las intelligençias sseparadas, donde es el comienço del sseer de las cosas despues de los movimientos de las esperas, asi como que la fforma del archa, la que es ffigurada en la ymaginaçion del alma del carpentero, es comienço paral sseer de la forma del arca en

---

[10] Abraham ibn Ezra.
[11] Iob 37, 7 „qui in manu omnium hominum signat ut noverint singuli opera sua".
[12] Ms.: dellos.
[13] Ms.: endebdan. Der Text ist möglicherweise verderbt.
[14] Ms.: nigunā.
[15] S. Kap. 6, Anm. 24.

la madera, ssegund que es sabido a los sabios de la metafisica. E assi los ssabios del Talmud mostraron esto en pocas palavras en lo que dixieron que assi sse alça en el penssamiento de Dios. E esto es otrossi lo que dixo el viesso en Jeremias: ⟨16b⟩ „Ssinon ffuesse por el mi testamento de dia e de noche, los ffueros del çielo e de la tierra non pusiera."[16] Ca el penssamiento de Dios es testamento destajado e confirmado todos los dias e las noches, donde sse ssigue el ordenamiento de los ffueros del çielo e de la tierra. E por ende todas las causas e los causados, tanbien los que son en essençia como los que sson por acçidente, sson todos ssegund el ordenamiento terminado e guardado, como lo que dixo el viesso: „Ca alto de sobre alto guarda e altos ssobre ellos."[17] E esta nesçessidad ordenada, esso es la rrazon para todas las cosas e la verdat que es en ellas; e esso es lo que buscan todos los ssabios a ssaber en los estudios de ssus sçiençias, quiero dezir para saber como sse ssiguen e sse endebdan las cosas unas de otras. E esto es lo que mueve a todo omne en todas ssus faziendas para entrar en buelta de las causas medianeras que sson ordenadas de yuso ⟨16c⟩ de la causa primera, para que se les siga lo que Él quiere. E ssi non ovyesse y nesçessidat e rrazon endebdador e nesçessador en todas las cosas, sserian desatadas e tollidas todas las sçiençias e todas las ssabidurias del mundo e todo amostramiento e aprendimiento, e sseria tollida toda premissa e todo entremetimiento de los omes en el mundo, ssi non fuessen las causas endebdadas e nesçessadas unas de otras.

E esto es contrario de lo que dizen los que poco entienden, que ssi fuesse nesçessidat e endebdamiento en las cosas, sseguyrsse-ýa desatamiento e tollimiento del mostrar e del aprender e todas las obras de penssamientos e todos los aparejamientos, mas de todo en todo es la nesçessidat en general de las cosas entendudas primeramiente a todo omne, ssinon que sse encubre por el mucho paresçimiento della. E porque era ésta la entençion de rrabi Mosse para ffirmar la possibilidat en el humanal linage de la parte que es en el sseer eterno, como es uso de todas las sçiençias, e las ssustançialidades[18], non para firmarla en cada omne por la parte que es ⟨16d⟩ en el seer temporal, pudo dezir que el ssaber de Dios non escoge para apartar la una de las dos cosas possibles, quiero dezir que non escoge para sennalarla apartadamientre en el sseer eterno, ca esta possibilidat essençial e eterna rremanesçe sienpre en el possible, como ya dixiemos. E dixo despues desto: „Maguera que ya ssopo Dios la semejança de la una[19] cosa posible dellas en ssu verdaderia". Quiso dezir que sopo Dios con el ssu saber eterno el seer de la una de las dos posibles sennalada e verdaderamente de la parte que ssaldrá al seer temporal e que caerá so el

---

[16] Ier 33, 25 „si pactum meum inter diem et noctem et leges caelo et terrae non posui".
[17] S. Kap. 6, Anm. 25.
[18] Der Text scheint verderbt zu sein.
[19] Ms.: una *wiederholt*.

t*ie*npo, no*n* q*ue* ssabe cada cosa con saber nuevo e un t*ie*npo despu*e*s de ot*ro,* mas con ssaber et*er*no ssabe todas las cosas nuevas.

E como lo q*ue* nombró rrabi Mose de los dichos de los sabios del Talmud, q*ue* todos los miraglos e los signos q*ue* son cont*ra* nat*u*ra, los q*ue* fueron e los q*ue* an a sseer, todos ellos sse adelantó la voluntad de Dios en *e*llos desde la criaçon del mundo. E asi escrivió en *e*l capit*u*lo XX° de la parte terçera de aq*ue*l lib*r*o, q*ue* aques-

17a tas cosas q*ue* nasçen de nuevo en *e*l mu*n*do, ⟨17a⟩ sópolas Dios ante q*ue* fuessen, e nunq*u*a dexó nin dexará de ssaberlas, e porende non sse le rrenueva a él ssabiduria por ninguna guisa. Ca en lo q*ue* ssabe q*ue* ffulan om*n*e non es agora en el mu*n*do, e q*ue* sserá en ffulan t*ie*npo, e q*ue* durará tanto tienpo, e q*ue* depu*e*s ssaldrá del mundo, es çierto q*ue* q*u*ando ffuere aq*ue*l om*n*e, como ante ffue ssabido dél, no*n* fue en*n*adida en Dios por él ssabiduria ni*n* rremovimiento[20] de lo q*ue* non era sabido, mas rrenovósse lo q*ue* era ssabido q*ue* sse avya a rrenovar. E assi dixo en el capit*u*lo XXIIII° ssobr*e*l viesso q*ue* dize en el «[De]u[t]eronomi»[21]: „ca esper-mienta Domi*n*o v*ue*stro Dios a vos para ssaber ssi sodes amadores a Dom*i*no v*ue*stro Dios"[22], q*ue* no*n* qui*e*re dezir para ssaber Dios ssi le amará o no*n*, ca ya él lo sopo, mas q*u*iere dezir para q*ue* lo sepan la[s] gent*e*s[23]. E por esso se enbargó a espla-nar el viesso q*ue* dize en el «Genesi» a Abram: „Ca agora ssé q*ue* temi*e*nte a Dios eres tú".[24] Esplánolo él q*ue* esto dizia el angel, e q*ue* qui*e*re dezir q*ue* por esto ssa-

17b brán todos los om*n*es q*u*amann*a* es la ffin del temor de Dios. ⟨17b⟩.

Evat q*ue* mostró rrabi Mosse en esto q*ue* el ssaber de Dios aparta e sen*n*ala la una de las dos cosas posibles q*ue* conte⟨sçerán⟩ en e⟨l⟩[25] seer t*e*npor⟨al⟩. E por ende se sigue, como ya dixiemos, q*ue*[26] en lo q*ue* dixo q*ue* no*n* escoge su saber de Dios para apartar e sen*n*alar la una de las dos cosas possibles, q*u*iso dezir q*ue* no*n* las ssen*n*ala para el seer et*er*no, sino*n* q*ue* non quiso rrabi Mosse esplanar mucho la rrazon por mester de la Ley ssegund el entendimi*en*to del comu*n* de la gente, q*ue* es fflaco. Ca por esso dixo en aq*ue*l capitulo XX°, quando nonbró en quantas ma*n*eras de diffe-rençias es apartado el ssaber de Dios del n*ue*stro ssaber, q*ue* la diferençia quinta, sse-

---

[20] Wohl Versehen für *rrenovamiento*. Die Stelle bei Maimonides lautet (III, 147): „De même, nous disons que toutes ces choses nouvellement survenues, Dieu les savait avant qu'elles existassent et il les a sues de toute éternité. Par conséquent, il ne lui est survenu aucune science nouvelle; car, quand il sait qu' un tel, qui n'existe pas maintenant, existera à telle époque et rentrera dans le néant après avoir existé un certain temps, sa science ne reçoit aucun accroissement lorsque cette personne arrive à l'existence ainsi qu'il le savait d'avance."
[21] Ms.: vteronomj. Diese Form findet sich, neben der korrekten, mehrfach in unserem Ms., z. B. 24d, 31a.
[22] Dt 13, 4 „quia temptat vos Dominus Deus vester / ut palam fiat utrum diligatis eum".
[23] Ms.: la gns *(mit Abkürzungsstrich).*
[24] Gn 22, 12 „nunc cognovi ut timeas Dominum".
[25] Ms.: *Auf e folgen zwei oder drei nicht mehr lesbare Buchstaben.*
[26] Ms.: q*ue wiederholt.*

gund la creençia de la Ley, es en que Dios non escoge el ssu ssaber para apartar e ssennalar la una de las dos cosas posibles. Ca non dixo rrabi Mosse en las otras quatro diferençias que sson segund la creençia de la Ley, porque son ellas verdaderas en ssí, ssin que las acomparemos a la creençia de la Ley nin a otra cosa. Mas en esta diferençia quinta apartó e ssennaló en lo que dixo ssegund la creençia de la Ley. Ca dio a entender ⟨17c⟩ en esto que, sinon por el²⁷ mester de la creençia de la Ley, diriamos que escoge el saber de Dios e sennala la una de las dos cosas posibles, asi como el nuestro saber la escoge e la ssennala. E non convien a coydar en tan grant ssabio como rrabi Mosse que él tome ffe con todo ssu coraçon e ssu ssana entençion que el ssaber de Dios non ssennala la una de las dos cosas posibles en este seer temporal, e con que lo él ssabe ssegund su verdaderia para este sseer temporal, nin que toviesse qué cosa sea en el mundo al contrario de como Dios lo ssabe, e con qué lo él²⁸ sabe ssegund su verdaderia. Ca estas rrazones serian contraditorias, quiero dezir, ssaber de Dios quál de las dos cosas posibles sennalada contesçrá, e non la ssaber ssennalada. Otrosi saber él quál de las dos cosas posibles sennalada contesçrá, e que non contesçrá aquella ⟨17d⟩ cosa posible sennalada que era ssabida verdaderamientre que avya a contesçer.

17c

17d

E otrosy este Ysaac, nuestro contradezidor, escrivió en aquel ssu libro una tal rrazon como ésta, en que cuydó ffirmar con ella²⁹ la ssu rrazon ssegunda: E ésta ffue su palavra que, „quando abrieres el ojo de tu entendimiento, verás que quando pusieres la cosa sabida de algund sabidor ante que ella sea, ssi aquella sabiduria ffuere verdadera e sse[n]tençiada, sserá aquella cosa nesçessada o inposible; non que ssea posible, ca entonçe sseria la possibildat tollida e privada". E dixo que non es mester de alongar en esto, porque es mucho manifiesto. E paresçe desto que era manifiesto a él, e con abrimiento del ojo de ssu entendimiento, que la cosa sabida ssegund verdat de algund sabidor e ante que ella ssea conteçrá, de todo en todo, assi como era ssabida, e por esso le llama nesçessado o inposible; sinon que erró en lo que dixo que sseria non posible, ca non sopo departir³⁰ entre el seer eterno, ⟨18a⟩ en que el posible será posible, e entre el seer tenporal, en que será nesçessado o inposible, como ya dixiemos.

18a

E con todo esto non es conviniente a dezir que el su saber de qualquier sabidor ponga nesçessidat en el sseer de la cosa sabida. Ca ssi esso fuesse, sserian las causas más o menos ssegund el cuento de los sabidores de la[s] cosas; e esto es falsso. Mas conviene a dezir que el ssaber del sabidor es connosçimiento manifiesto de la nesçessidat del sseer de la cosa sabida, mas el saber de Dios, aquel ssolo es endebdador e nesçessador del sseer de todas las cosas ssegund que ellas an seer, mayormien-

²⁷ Ms.: la.
²⁸ Ms.: es.
²⁹ ellas.
³⁰ de partir.

tre ssegund los que dizen que non sson en Dios todas las cosas, la una con que ssabe los criados, e la otra con que los obra³¹. E como quier que ssea, non escapa el ssu saber de seer connosçimiento manifiesto en la nesçessidat del seer de la cosa sabida.

18 b Puede seer en la cosa nesçessada que ssea non sabida de algund sabidor, ⟨18 b⟩ mas non puede seer en la cosa sabida que non ssea nesçessada en aquella manera que es sabida.

E el que dize que Dios sabe que contesçrá la cosa posible sennalada en tienpo sennalado, ssinon que puede sseer que non contesçrá assi como lo él ssabe, es tal como el que dize que ssabe la cosa, ssinon que non la ssabe de aquella parte que la ssabe, e esto es vanidat e contradiçion. E esto es porque la cosa sabida sennalada temporal, non ffincó en ella possibilidat temporal sennalada para aquel tienpo, ssinon que es en él la nesçessidat, assi como el qui fuesse posible tenporal ssennalado non caesçria en él sabiduria temporal ssennalada en aquella parte.

E maguera que escrivió rrabi Mosse en el capitulo XVII° de la parte terçera de aquel su libro que en los otros animales que non son omnes, mayormientre en las plantas, tiene él en ellos, como tiene Aristotiles, que non es guarda de Dios en ellos³²,
18 c e ⟨18 c⟩ que todo lo que les acaesçe es por acçidente puro.³² Non quiso dezir en esto que non lo ssabe Dios, como lo cuydan los nesçios por el que non ponen departimiento entrel ssaber e la guarda, mas quiso dezir que non los guarda la influençia divinal para escarparlos³⁴ de la corrupçion que les es aparejada para venir ssegund la causas naturales, como guarda a los omnes por medianeria del entendiminto que han e la influençia divinal, que es ayuntada con ellas, como lo nombré por dichos de Aristotiles. E por esso dixo rrabi Mosse en aquel capitulo XVII° que „yo non creo que sse encubre de Dios ninguna cosa nin le apongo mengua de poder, mas creo que la guarda de Dios ssigue el entendimiento e es ayuntada con él."³⁵

Evat que es provado de ssus palavras que non sse encubre de Dios ninguna cosa.
18 d E assi escrivió en el capitulo XVIII°, ⟨18 d⟩ que la influençia divinal, la que sse ayunta con el humanal linage, non es ssinon lo que viene ssobre Rrube[n] e Ssimon [e] Levi e los otros individuos.³⁶ E en tal guisa sse sigue a dezir, ssegund ssus

---

[31] Der Sinn ist nicht ganz klar. Möglicherweise ist etwas ausgefallen.

[32] Ms.: ellas.

[33] „au contraire, tout cela est, selon moi, l'effet d'un pur hasard, comme le pense Aristote" (III, 130).

[34] Das *DECH* registriert die transitive Konstruktion von *escapar* nur für die klassische Epoche.

[35] „Certes, je suis loin de croire qu'une chose quelconque puisse être inconnue à Dieu, ou de lui attribuer l'impuissance; mais je crois que la Providence dépend de l'Intelligence à laquelle elle est intimement liée (III, 135).

[36] „on saura aussi que l'épanchement divin que nous trouvons uni à l'espèce humaine, je veux dire l'intellect humain, est une chose qui n'a son existence que par les Intelligences individuelles, à savoir par ce qui s'est épanché (de l'Intelligence divine) sur Zeid, sur 'Amr, sur Khâled et sur Becr" (III, 137). In der von Alfonso benutzten hebräischen Übersetzung sind die arabischen Namen offenbar durch hebräische ersetzt worden.

palavras, que la guarda que viene ssobre el linage non es ssinon la que viene sobre los individuos. Ca ssi fuessen corruptos todos los individuos del linage, seria corrupta e tollida la guarda dél, e ssíguesse desto que guarde a los individuos, porque non sse tuelga la guarda del linage, e non conviene al entendudo guardar cosa que non entienda; e por esto obra Dios ssabiduria e entendimiento en los individuos. E assi, quando dixo rrabi Mosse que el poder de todo omne es dado en ssu mano, esplánalo en lo que dixo que „ssi quisiere ffará las cosas"³⁷, e non: „ssi quisiere non las fará"; que dio a entender en esto que el poder [que] es dado al omne es seer la obra dada a la ssu voluntad e siguyent a ella, ⟨19a⟩ como sigue el causado a su causa. E non puso en esto que ssea la voluntad libre e non decolgada³⁸ en otra voluntad³⁹, ssinon que la obra es decolgada en ssu voluntad, non que ssea sin su voluntad. E assi como el causado ssigue a ssu causa, ssiquier que ssea ssu causa ssentençiada⁴⁰ e [de]-colgada en otra causa, siquier que non ssea ssentençiada nin decolgada en otra causa, assi sse endebda que ssiga la obra a la voluntad, ssiquier que ssea la voluntad sentençiada, ssiquier que non lo ssea. E non conviene a dezir que ssi la voluntad ffuesse sentençiada, non sseria voluntad, e, como dizia Ysac, que ssi la voluntad fuesse ssabida, siguirsse-ýa que la voluntad fuesse non voluntad. Ca ya esplané desuso que el allegamiento que sse ffaze de nuevo en el alma, que es nombrado concordança, que aquello es la voluntad cumplida, a que sse siguen las obras, e que ello sse faze de nuevo por las causas que desçenden de los movimientos de la espera.

19a

E más, que ya ⟨19b⟩ dixeron los sabios del Talmud que pueden apremiar al omne en algunas cosas ffasta que diga „voluntad lo é de ffazer". E dixeron otrossi que, ssi colgaron⁴¹ algund omne, e por aquella premia vendió alguna cosa de lo ssuyo, sserá valedera aquella véndida. E dixeron otrosi que por la premia quel toma concordança en ssu coraçon e voluntad para vender; que dieron a entender en esto que pueda sseer voluntad cunplida que endebda la obra, aunque venga por alguna premia. E esto es como lo que ante dixiemos, que non es de las condiçiones de la voluntad e del poder dado al omne que non ssea la voluntad ssentençiada, mas la relaçion que es entre la virtud rremovedor e entre la virtud ymaginador o penssador, la qual virtud es nonbrada allegamiento⁴² e concordança; e aquello es la voluntad cumplida que endebda la obra.

19b

E ⟨19c⟩ sserá esto ssegund lo que escriví en el «Libro de la Poridat de la Rretribuçion», que ssi el omne sseyendo nesçessado en ssu voluntad por los omnes

19c

---

³⁷ „l'homme a le pouvoir de faire tout ce qu'il veut" (III, 124).
³⁸ ,abhängig'. Diese übertragene Bedeutung von *decolgar* scheint sonst nicht belegt zu sein.
³⁹ Ms.: uirtud.
⁴⁰ Ms.: ssentenēçiado.
⁴¹ Gemeint ist wohl die Folter, die darin besteht, daß jemand an den auf dem Rücken gefesselten Armen aufgehängt wird.
⁴² Ms.: nonbrada al allegamiento.

e connosçiendo la fuerza quel ffazen, nol ssaca con todo esso de aver voluntad. Porque concuerdan en ssí, e lo quiere e lo escoge por que nol ffagan quexumbre e penas por ellos; quanto más e más, sseyendo fforçado en ello de la virtud ssusana[43], que non connosçe la fuerça quel ffazen en ello, ssinon depues de grand estudio. Que esto nol deve ssacar de aver voluntad, mayormientre que nol deve sacar de sseer el poder dado en ssu mano; el qual poder non quiere dezir al ssinon seer la obra decolgada en su voluntad. E a esto tovo mientes el ssabio rrabi Haquiba[44] en lo que dixo: „Todo es catado, e el poder es dado." Quiere dezir que todas las cosas son catadas

19 d   e ssabidas ⟨19 d⟩ de Dios, maguera que ahun non fueron en el mundo. E con todo esso el poder es dado en mano del omne; que ssi quisiere, fará las obras, [e] ssi non quisiere, non las fará[45], porque con su querer e con ssu voluntad las faze non a pesar de ssí. Quiero dezir que non ssiente ningund forçador que ssea contra ssu voluntad en aquella rrazon. E dixo aquel ssabio despues „con bien el mundo es julgado todo ssegund la muchedunbre de las obras", como que diz que, maguera que todas las cosas sson catadas de Dios e non escapan de seer en el mundo, assi como ellas sson catadas e veydas de Dios, e que por esso es Dios causa a todas. Non es guisado a cuydar por esto que él es causa essençial a los males que son en el mundo, ca non es ssu entençion primera ssinon para faze[r] bien. E esta es glosa de lo que dixo: „E en bien es el mundo julgado", como que diz que su juyzio de Dios e su entençion en el

20 a   mundo es por fazer ⟨20 a⟩ bien ssolamientre, non por ffazer mal. E como dixo el viesso: „vio Dios a todo lo que fizo, e era mucho bueno"[46], ssegund dixieron los maestros, que ninguna cosa mala non desçiende de suso. E dixo aquel ssabio despues: „Todo es ssegund la demasia de la obra." Quiso dizer que, maguera que Dios no faze ssinon bien, non deven[47] cuydar por esto que ay dos dioses: dios malo, que faze los males, como ay dios bueno, que faze los bienes, assi como lo cuydan los manicheos ereges, e como lo cuydava Eliseo el Herege[48], su conpanno de rrabi Haquiba, en lo que dixo que „quiçab son dos sennorios." Dizíalo por dos dioses. Mas como la verdat es que todo es segund la demasia de la obra, quiere dezir que todo sse ffaz segund la demasia de las causas e el sobrepujamiento de las unas sobre las otras, que son ssus contrarios. Por esso contesçen los males que acaesçen en el

20 b   mundo. E como lo nombré por el viesso que ⟨20 b⟩ dize: „Ca alto de sobre altos guarda, e altos ssobre ellos."[49] E en esta palavra astimó rrabi Haquiba la unidat de

---

[43] Ms.: ssu saña.
[44] Akiva ben Josef.
[45] Ms.: faras.
[46] Gen 1, 31 „viditque Deus cuncta quae fecit et erant valde bona".
[47] Ms.: deuon.
[48] Eliša ben Avuya (*Aḥer* ‚der Abtrünnige').
[49] S. o., Kap. 6, Anm. 25.

Dios e que tien mientes e que cata en las cosas yusanas, e el mester que ffue para seer dada Ley, e la rrazon por que puede seer justo que aya mal e malo que aya bien. E esto es lo que⁵⁰ el ssabio rrabi Haquiba, con paz del parayso, ssegund que lo dizen por él.

Evat provado por ssus palavras que todas las cosas sson catadas e ssabidas de Dios ante que ellas ssean, maguera que el poder es dado al omne para ffazer las obras que eran⁵¹ catadas e ssabidas de ante que las avyan de ffazer. E esto es lo que dixo Salamon en el libro «Eclesiastes»: „Ca todo esto di a mi coraçon, para connosçer⁵² paladinamientre que los justos e los sabios e ssus obras sson en mano de Dios; otrossi amor nin desamor non ssabe el omne, todo es dÉl ante ellos"⁵³, como que diz: ⟨20 c⟩ „Di a mi coraçon para estudiar en esta rrazon fasta que me manifiesto, e era esto que aun los justos, que cuydan que ellos con ssu justiçia e con bondat enpuxarán la sentençia de Dios, e ahun los ssabios que cuydan⁵⁴ que con ssu sapiençia endereçarán ellos ssus fazienda, sope yo que todos ellos e ssus obras sson en mano de Dios, e ençerró despues todas las obras del omne, que son amor⁵⁵ e cobdiçiar lo conviniente, e aborresçer el contrario." E dixo otrossi: „Amor, otrosi aborresçiençia, non ssabe el omne; todo es [dÉl ante] ellos." Quiso dezir que non ssabe el omne aquel amor o aquella aborrençia, donde le vino. Quiere dezir que son de sin ssu escogençia del omne, porque todo lo puso Dios ante ellos. Ca Él les metió en coraçon para moversse en todas las faziendas del mundo por su voluntad e por ssu alvedrio dellos, de ssin que sienta[n] que sson fforçados en ello de la virtud ⟨20 d⟩ ssu-sana⁵⁶, e dio la rrazon por que aun los sabios sson en mano de Dios. E esto en lo que dixo: „Ca non podrá omne ffallar⁵⁷ la obra que es fecha so el sol, e aun ssi dixiere el ssabio para ssaber, no la fallará."⁵⁸ Quiere dezir que non podrá ningund omne ssaber, aun ssea sabio, las ffines de todas las cosas en todo lo que fiziere e trabajare en este mundo, e que es lo que acaesçrá dellas. E por esto non sse podrá quardar, ssinon que caerá en lo que quisiere Dios que caya, por medianeria de las obras e de las otras causas.

---

⁵⁰ Hier scheint mindestens ein Wort (beispielsweise ‚sagte', ‚glaubte') zu fehlen.
⁵¹ Ms.: erand. S. Kap. 2, Anm. 1.
⁵² Ms.: connosçer todo esto pal.
⁵³ Ms.: ellos *verbessert aus* dellos. ‖ Ecl 9, 1–2 „omnia haec tractavi in corde meo ut curiose intellegerem / sunt iusti atque sapientes et opera eorum in manu Dei / et tamen nescit homo utrum amore an odio dignus sit / sed omnia in futuro servantur incerta eo quod universa aeque eveniant".
⁵⁴ Ms.: que cuydan *wiederholt*.
⁵⁵ Vielleicht besser: *amar*.
⁵⁶ Ms.: su saña.
⁵⁷ Ms.: fablar.
⁵⁸ Ecl 8, 17 „et intellexi quod omnium operum Dei nullam possit homo invenire rationem eorum quae fiunt sub sole / et quanto plus laboraverit ad querendum tanto minus inveniat / etiam si dixerit sapiens se nosse non poterit repperire".

E a esto tovo mientes otrosi en lo que dixo: „En dia de bien, ssey en bien, e en dia de mal, vey otrosi; esto contra esto[59] ffizo Dios ssobre manera que non falle el omne despues dÉl ninguna cosa."[60] Quiere dezir: el dia que te enprestare Dios algund bien, rreçíbelo, e non te trabajes a puxalle de ti, ca aquesso[61] es tu parte que te dio Dios. E como dixo en otro viesso que „aquella es tu[62] parte en la vida e en tu trabajo ⟨21a⟩ que tú trabajas so el sol."[63] E dixo en otro viesso: „Esto donadio es de Dios."[64] Mas non te assegures nin ffies de aquel bien; ca deves veer e entender que aun verná dia de mal despues dél, porque Dios fizo dia de mal contra [dia] de bien, e fízolos en manera e ordenamiento non ssabido al omne, porque non falle el omne ninguna ffuyda nin guarda despues de la sentençia de Dios. Como que diz que non ffie el omne en dia de bien ssinon que ssea siempre con pavor e con tremor, pues que non fallará ninguna guarida para detener el dia malo de venir ssobrél despues de la sentençia de Dios. E esto es como lo que dixo en otro viesso: „Ca ¿quién podrá enderesçer lo que él torçió?"[65] E como dixo otrosi: „Ca ¿qué es el omne que viene despues del rrey a lo que ya fizieron?"[66] E esso es otrossi lo que dixo en otro viesso: „Todo lo fizo fermoso en su tienpo, otrosi el mundo dio en sus coraçones de sin que falle el omne la obra que ⟨21b⟩ fizo Dios de comienço fasta acabamiento."[67] Quiere dezir que Dios fizo todas las cosas que ssean ffermosas en ssí e fermosas en ojos de los[68] que las fizieren en aquel tienpo que la[s] fizieren. E esto porque ssean las obras del mundo fechas por su mano dellos, ssegund la voluntad de Dios, e como les ssemeja a ellos que les será fermoso en aquel tienpo que lo metió Dios en sus coraçones para lo coydar, non que lo coyden ssiempre como es la cosa en ssí, sinon que cuyden como lo metió Dios en sus coraçones para cuydar, ca por esso non quiso que falle omne todas las causas, que sson las obras de Dios, desde comienço fasta acabamiento. Ca ssi las ssopiesse desde comienço ffasta acabamiento, podria sseer que rrevelaria[69] en Dios e sse deternia de cumplir ssu voluntad en los fechos del mundo, de bien o de mal, para ssi e para otro. Ca si omne sopies al⟨21c⟩gunas vezes quanto poco a de bevir, non ffraguaria casas[70] grandes muy fuertes, nin trabajaria en allegar

---

[59] Genauer wäre *este contra este*. Im Hebr. (das kein Neutrum kennt) „diesen (Tag) neben diesem".
[60] Ecl 7, 15 „in die bona fruere bonis et malam diem praecave / sicut enim hanc sic et illam fecit Deus ut non inveniat homo contra eum iustas querimonias".
[61] Diese Form (neben *eso, aquesto*) finde ich sonst nicht belegt.
[62] Ms.: es tu] esta.
[63] Ecl 9, 9 „haec est enim pars in vita et in labore tuo quod laboras sub sole".
[64] Ms.: dios + es. ‖ Ecl 5, 18 „hoc est donum Dei".
[65] Ecl 7, 14 „nemo possit corrigere quem ille despexerit".
[66] Ecl 2, 12 „quid est inquam homo ut sequi possit regem factorem suum".
[67] Ecl 3, 11 „cuncta fecit bona in tempore suo et mundum tradidit disputationi eorum / ut non inveniat homo opus quod operatus est Deus ab initio usque ad finem".
[68] Ms.: de los] deles.
[69] Ms.: rreuelarian.
[70] Ms.: cosas.

grant algo, e Dios metió en su coraçon para lo fazer para aprovechar con ello a otro, o quisça[71] porque sea rrazon de su mal.

E como dixo el viesso en el «Libro de Job»: „Uno aparejará, e justo vistrá."[72] E dixo en el «Libro Eclesiastes»: „Varon que le da Dios rriqueza [...][73] e onrra, e non tien mengua de lo que dessea para ssí mismo, e non le da Dios poder para comer dello, ca varon estranno lo conbrá."[74] E dixo otro viesso: „Al peccador dio rrazon para escoger e allegar para lo dar al qui ploguyer contra Dios."[75] E dixo otro viesso que „algund omne es que ssu trabajo fue en ssapiençia [e] en ssaber e en bondat; e a omne que non trabajó en ello lo da por ssu parte."[76] E dixo otro viesso: „Alguna rriqueza es guardada a ssu duenno por ⟨21d⟩ ssu mal."[77] E dixo otro viesso: 21d „La fartura al rrico non le dexa dormir."[78] E dixo otro viesso: „Algund tienpo es que se enssennorea el omne sobre otro omne por mal de ssí mismo."[79] E otros tales viessos como estos demuestran que los omnes sson menssageros de Dios para ffazer las obras del mundo, de bien o de mal, para ssí e para otros, e por esso fue de la sapiençia de Dios que ssean los om[n]es nesçios[80] para non connosçer todas las causas, nin las cosas que an a conteçer, porque non reviellen[81] nin devieden nunqua la sentençia de Dios. E como esplanaron en aquel viesso que dixo: „otrosi el mundo dio en ssus coraçones"[82], que quier dezir que quiso que sopiessen algo, e que fuesse[n] çeladas dellos algunas cosas, como el dia de la muerte e el dia del juyzio. E como dixo el otro viesso otrosi: „Ca non ssabe el omne su tienpo, como los peçes que son presos en mala rred."[83]

E como fue de la sapiençia ⟨22a⟩ de Dios aun en las cosas que ssabe el omne que 22a las olvide e que non sse mienbre dellas sienpre por esta misma rrazon. E assi escrivió el sabio rrabi Bayahe den Bacoda[84] que, ssinon fuesse por la olvidança que es en en

---

[71] Vielleicht Versehen für quiças. Vgl. 20a quiçab.
[72] Iob 27, 17 „praeparabit quidem sed iustus vestietur illis".
[73] Ms.: rriqueza e auaron onrra. Der Text ist hier verderbt. auaron steht anstelle von hebr. něchāsīm („Güter', ‚substantia').
[74] Ecl 6, 2 „vir cui dedit Deus divitias et substantiam et honorem et nihil deest animae eius ex omnibus quae desiderat / nec tribuit ei potestatem Deus ut comedat ex eo sed homo extraneus vorabit illud".
[75] Ecl 2, 26 „peccatori autem dedit adflictionem et curam superfluam / ut addat et congreget et tradat ei qui placuit Dei".
[76] Ecl 2, 21 „nam cum alius laboret in sapientia et doctrina et sollicitudine homini otioso quaesita dimittit".
[77] Ecl 5, 12 „divitiae conservatae in malum domini sui pereunt enim in adflictione pessima".
[78] Ecl 5, 11 „saturitas autem divitis non sinit dormire eum".
[79] Ecl 8, 9 „interdum dominatur homo homini in malum suum".
[80] In der Bedeutung ‚unwissend'.
[81] Wohl revelar ‚enthüllen'.
[82] Ich finde keine derartige Bibelstelle.
[83] Ecl 9, 12 „nescit homo finem ssum / sed sicut pisces capiuntur hamo".
[84] Baḥya ben Paḳuda (Spanien; 11. oder 12. Jh.).

el omne, nunqua estaria ssin tristeza [e] nunqua gela⁸⁵ toldria ninguna cosa de los plazeres del mundo nin tomaria plazer de ninguno dellos, quando sse menbrasse de los peligros del mundo. E por esso fue la olvidança conviniente en nos de parte de la possibilidat e la passion que es en nos, ca con ella son los demudiamientos de los mudos⁸⁶. E como sse prueva de los dichos de Aristotiles, que por esso no nos amenbramos de lo que ya sopiemos, porque la inteligençia sseparada es non passiva⁸⁷, e que el menbrar despues del olvidar non es de ssin passion, assi como el olvidar despues del ssaber non es de ssin passion, e que el entendi⟨22 b⟩miento passivo, con que es el menbrar e el olvidar, es corrunpible; e quando sse corronpe, es el olvidar cumplido de sin amenbrarsse despues dél, segund lo tiene Aristotiles. E quando sse le engendra otro entendimiento passivo, gana otro mundo, e depues gana otros saberes nuevos. E assi como la olvidança es al tienpo de la generaçion e la corrupçion, assi es al tienpo de los otros grandes demudamientos; e ssegund lo que dixieron del ssabio que olvidó lo que ssabia por la grant tribulaçion que ovo. E otrossi con medianeria de la olvidança obramos a las vezes lo que es nuestra pro, e a las vezes lo que es nuestro danno, segund la voluntad de Dios; e es lo que non obrariemos ssi sopiéssemos e nos amenbrássemos⁸⁸ de todas las cosas.

22 b

E esta es la ⟨22 c⟩ una de las maneras con que es la voluntad del omne decolgada en la virtud de suso, maguera que algunas obras sean decolgadas en su voluntad misma del omne. E por esto dixieron en rrazon del rrey D[a]vid, que quando vino el angel de la muerte para tomarle el alma, viole que trabajava en la Ley, e non pudo a él, fasta que le fizo maestria de ssabiduria con que ovo a dexarsse de los dichos de la Ley; entonçe ffue dado en ssu mano. Quiero dezir, que por parte que trabajava en los dichos de la Ley guardávasse de algunos dannos donde podia morir; e como lo nonbré de lo que dixo Ssalamon: „Ca otrosi sé yo que sserá bien a los temientes de Dios que temieren delante Él."⁸⁹ E porque sse cunpliesse la voluntad de Dios segund las otras causas que sobrepujavan en aquel tienpo, ovo mester el angel de la muerte a ffazer ⟨22 d⟩ maestrias ssabias para ffazerle dexar de la Ley, e como lo que nombré de lo que dixo el viesso que „los justos e los ssabios e ssus ffaziendas sson en mano de Dios."⁹⁰ E desta parte es llamado el angel de la muerte, que enduze la corrupçion, ssegund la lengua del ebrayco Çamael⁹¹, que quiere dezir ‚virtud de parte de Dios', que çiega e conturba los ojos del entendimiento. Como dixo

22 c

22 d

---

⁸⁵ Ms.: gelo.
⁸⁶ Der Sinn ist nicht klar.
⁸⁷ Ms.: posiua. Man würde erwarten: „non es passiva". Der Text ist vielleicht verderbt.
⁸⁸ Ms.: ssi sopiessemos e nos amenbrassemos *wiederholt*.
⁸⁹ Ecl 8, 12 „ego cognovi quod erit bonum timentibus Deum qui verentur faciem eius".
⁹⁰ Ecl 9, 1 „sunt iusti atque sapientes et opera eorum in manu Dei".
⁹¹ Samael, in der nachbiblischen Literatur.

Elihu⁹², él es⁹³ trastornadizo⁹⁴ en ssus maestrias para que obren ellas todo lo que les manda ssobre fazes del mundo en la tierra. E ssegund esta manera dixieron los maestros del Talmud, que ssus pies del omne le sson ffiadores, que al lugar do le demandan, allá lo llevan. Como escrivió rrabi Abrahan⁹⁵ ben Hezra, que ssus movimientos del omne sson como los movimientos de la ymagen de los çaharrones, que todas ssus obras e ssus quedares⁹⁶ son decolgadas en la hora e el tienpo, e aun ⟨23 a⟩ el ffablar e el callar, el amor e la aborrençia. E esto es como lo que escrivió el Abicepna en la «Philosofia Oriental»⁹⁷, que las obras que vienen de las cosas fformadas, quiere dezir que an fformas con que obren, non son por ellas ssegund verdat, nin sson dellas, mas sson de obrador que obra con ellas las obras que son anonbradas a ellas, e como el dezir del que dixo: „Ffuy oyr del que oyó comigo, e veer del que vio comigo." E dixo: „Non eché quando eché, mas Dios es el qui echó."⁹⁸

23 a

E todo esto es de las cosas que muestran que, maguera que muchas obras ssean decolgadas en la voluntad del omne, non sse sigue por esto que la voluntad non ssea decolgada en virtud susana, como lo cuydó Ysaac el nuestro contradezidor. E por ende erró en lo que escrivió que la entençion e la glosa de la voluntad es voluntad ssimple, de ssin qui sse le ayunta ningund enclinador nin fo[r]çador. Otrossi non tira esto las rretribuçiones de la Ley, como ⟨23 b⟩ lo cuydó él entender de los dichos de rrabi Mosse. Ca rrabi Mosse sopo lo que dixieron los maestros del Talmud ssobrel viesso que dize en el «Deuteronomi»⁹⁹: „Ffarás arrimadero a tu techo que caerie el cay[e]nte dél"¹⁰⁰, que guisado fue este omne¹⁰¹ e aparejado para cayer des que el mundo ffue criado, porque non era caydo, e el viesso le llamó „cayente"; ssinon que rrebuelven bien por mano del bueno e mal por mano del malo¹⁰². E entién[de]sse desta palavra dellos que endebdado ffue este omne para caer del techo por mengua

23 b

---

⁹² Vgl. Hiob, Kap. 32–37. Ich finde in den Reden des Elihu nichts, was dem folgenden entspricht. Offenbar ist der Text verderbt. S. Anm. 93.
⁹³ Ms.: el es causas.
⁹⁴ *trastornadizo* ‚trastornador' (?) ist sonst nicht belegt.
⁹⁵ Ms.: abrahaā. S. o., Anm. 10.
⁹⁶ Ich finde keine Belege für *quedar* als Substantiv. Der Sinn scheint zu sein: ‚ihr Tun und Lassen'.
⁹⁷ Das nur teilweise erhaltene «Kitāb al-Mašriqīyīn»; s. Dimitri Gutas, «Avicenna and the Aristotelian Tradition», Leiden 1988, S. 115–30. Ich verdanke den Hinweis Herrn Kollegen G. Endreß, Bochum.
⁹⁸ Wohl Zitate aus dem vorgenannten Werk.
⁹⁹ Ms.: Verbessert aus *ueuteronomj*. S. o., Anm. 21.
¹⁰⁰ Dt 22, 8 „cum aedificaveris domum novam / facies murum tecti per circuitum / ne effundatur sanguis in domo tua / et sis reus labente alio et in praeceps ruente". Vgl. Kap. 3, Anm. 33.
¹⁰¹ Ms.: omne *wiederholt*.
¹⁰² Die entsprechende Stelle im Talmud lautet (Sabbat II, VI, fol. 32a): In der Schule R. Jišmâêls wurde gelehrt: *Wenn der Fallende von ihm herabfällt:* diesem ist es schon seit den sechs Schöpfungstagen beschieden, daß er herabfalle, denn der Schriftvers nennt ihn „der Fallende", bevor er noch herabfällt, aber man führt Verdienstliches durch einen Verdienstlichen und Böses durch einen Bösen herbei. Übers. L. Goldschmidt, Bd. 1 (1929), S. 391.

del arrimadero, assi como lo ante ssopo Dios desde que crio el mundo, quando ordenó este ser temporal. E asi fue endebdado e ordenado que este malo pusiesse entrepieçes¹⁰³ en ssu casa, en que cayessen los omnes. E maguera que esto ffue assi, non dizen que ffue vanidat aquel manamient[o] nin que ffue la rretribuçion ⟨23 c⟩ por él ssin derecho, e assi todos los mandamientos e los defendimientos e las rretribuçiones dellos non fueron vanidat nin ssin derecho, maguera que sse adelantó la sentençia en ellos de parte de la ssabiduria de Dios, e como lo ya prové por dichos del ssabio Behye ben Bacoda. E el qui dize que, ssi el omne ffuesse fforçado de virtud susana en ssus buenas obras non sseria guysado de darle buen galardon por ellas, es tal como el que dize que ssi el omne ffuesse forçado de la virtud del entendimiento para creer e otorgar las causas e las rrazones de la Ley e de los mandamientos, non sseria guysado de darle buen galardon por ella. E como el que dize que, ssi el doliente ffuese forçado por el fisico, o el ninno por ssu padre, a bever el axarop de la melezina, non sseria guisado quel aprovechasse. E en tal guisa el que dize ⟨23 d⟩ que, ssi el omne ffuesse fforçado de virtud susana para fazer las malas obras, non seria guisado de darle pena por ellas, es tal como el que dize que, ssi el omne non sopiesse la rrazon por que ffueron deffendidos los peccados, o que non connoçiesse la maldat dellos, non sseria guisado de padesçer pena por ellos. E como el que dize que, ssi el omne fuesse forçado para bever la poçonia, o que non oviesse connosçido la ssu maliçia, non seria guysado de padesçer danno quando la beviesse. Mas todo esto es ffalsso, porque las rretribuçiones ssiguen a las obras, maguera que las obras ssean forçadas de qualquier cosa, que ssea tan bien de la virtud susana¹⁰⁴ como del entendimiento del omne o de su nesçiedat, ssinon que puede sseer que el entendimiento o la nesçedat le farán ennader o menguar en las rretribuçiones de la parte que fazen ennader o menguar en las obras. E ssi el omne non deviesse rre⟨24a⟩çebir pena quando ffiziesse los peccados con ssu desacuerdo, non pusiera la Ley pena al desacordado e errador, nin le mandaria traer ssacriffiçio para que fuesse perdonado. E assi dixo el propheta Balaan al angel de Dios: „Pequé, ca non ssope que tu eras parado a mi en encuentro en el camino."¹⁰⁵ He que dize que pecó non lo ssabiendo. E dixo Ssalamon en el libro «Eclesiastes»: „Non des a tu boca para fazer pecar a tu carne, e non digas ante el angel desacuerdo; es porque sse assannará Dios ssobre tu boz e coffondrá la obra de tus manos."¹⁰⁶

E dixieron los ssabios del Talmud que el omne está amonestado siempre, tan bien dormiendo como velando, tan bien con ssu acuerdo¹⁰⁷, tan bien con su desa-

---

[103] S. Kap. 2, Anm. 8.
[104] Ms.: susanā.
[105] Nm 22, 34 „peccavi nesciens quod stares contra me".
[106] Ecl 5, 5 „ne dederis os tuum ut peccare faciat carnem tuam neque dicas coram angelo non est providentia / ne forte iratus Deus super sermone tuo dissipet cuncta opera manum tuarum".

cuerdo[107]. E dixieron otrossi que Dios dará pena al que ffiziere desonrra de Dios, tan bien que lo ffaga con ssu desacuerdo como con su acuerdo e con ssobervia. E por esso ovo el rrey Ssaul [a] rreçebir ⟨24b⟩ pena por lo que ffizo el ssacrifiçio ante que viniesse el propheta Ssamuel al tienpo que puso con él.[108] E assi por lo que troxo b[i]vo [a] Agag, rrey de Amalech, e a las ovejas mejores e vacas para ffazer ssacrifiçio a Dios, maguera que non era ssu acuerdo de peccar en esto.[108] E assi dixieron los ssabios del Talmud, que non ffueron endebdados Israel para ffazer el bezerro[109] ssinon para dar abrimiento de boca a los omnes que ffagan penitençia. E dixieron otrossi que non era David guisado para aquel ffecho que fizo, nin era[n] Israel guisados para aquel ffecho que fizieron, ca non lo ffizieron ssinon por mostrarnos que ssi peccare un omne ssennero, díganle: „Cata un omne ssennero que ffizo penitençia de ssu peccado; otrosi tú faz penitençia." E ssi peccó comun de pueblo, díganle: „Catad comun de pueblo que ffizieron penitençia; otrossi vos ffazed penitençia." Ya es manifiesto por ssus dichos dellos que ffue ⟨24c⟩ endebdado el omne para fazer peccado e para ffazer penitençia dél por alguna de las causas, como ffue endebdado en las otras obras, e que avrá pena por aquel peccado, como ovyeron pena Israel e David por aquellos peccados que ffizieron. E por esto rreçibieron pena los Egipçianos, que sse sirvieron de Israel, maguera que ffue ssentençiado ssobre ellos desde ante que sse ssirviessen dellos, como dixo el viesso: „Sservirsse-an dellos e quebrantarlos-an quatroçientos annos."[110] E dixo otro viesso: „Yo ssé que non vos dexará el rrey de Egipto para andar nin aun en mano ffuerte."[111] E dixo otro viesso: „Yo enduresçré el coraçon de Pharaon."[112]

E por esto non es mester la fflaca rrazon que escrivió rrabi Mosse ssobresto en lo que dixo, que cada uno de los[113] Egipçianos sse pudiera quitar de aquel peccado, e ffue sentençiado ssobre el comun dellos, e que cada uno dellos peccó con su ⟨24d⟩ acuerdo e con ssu voluntad de ssin ninguna nesçessidad. E más que aun, ssegund sus dichos dél, non salió ninguno dellos de la sentençia universsal e ssoluta[114]. E de aquella sentençia universsal ssalió sentençia particular propria a los individus proprios. Ca ssi assi non fuesse, seria la ssentençia universsal vana, e los individuos proprios non sse puede[n] quitar de la ssentençia universsal ssoluta, mientre que los otros, que ffincan, sse pueden otrossi quitar della. Mas podrian ellos quitar a los otros de la ssentençia, metiendo a ssí mismos sso ella. E por ende, en toda guisa non

---

[107] con su (des)acuerdo: ‚(un)bewußt'.
[108] I Sm 15.
[109] Ex 32.
[110] Gn 15, 13 „et subicient eios servituti et adfligent quadringentis annis".
[111] Ex 3, 19 „sed ego scio quod non dimittet vos rex Aegypti ut eatis / nisi per manum validam".
[112] Ex 4, 21 „ego indurabor cor eius".
[113] Ms.: de los] dellos.
[114] S. Kap. 6, Anm. 24.

ssalió ninguno dellos de so la ssentençia. Otrossi lo que escrivió ssobrel viesso que dize en el [De]uteronomi[115]: „He tú yazdrás con tus parientes[116] e levantarsse-a este pueblo, e yrán en pos dioses estrannos de la tierra"[117], que non es departimiento entre esto e entre lo que dixiesse, que quien sirviera ydulos, ffazerle-a tal o tal cosa.

25a E es esto como ssi ffuesse en[n]adido un vierbo de ⟨25a⟩ condiçion, como ssi dixiesse: „ssi sse levantare este pueblo e catare en pos dios[es] estran[n]os de la tierra", non que fuesse puesta sentençia que se levantaren e cataren dioses estrannos. Esta rrazon de rrabi Mosse es fflaca e non conbiniente de en[n]ader vierbos en los viessos, por ffirmar las glosas de cada uno e las opinnones erradas. E más que dize el viesso en aquel capitulo mismo: „Ca yo ssé la su voluntad mala de lo que ffazen oy ante que los aduga a la tierra que juré."[118] E assi les dixo Moyssen „Ca yo ssé tu rrebeldia e tu çerviz dura, que mientre que yo so bivo, conbusco vy rrebelladores ffuertes contra Dios, mayormientre de[s]que yo muriere".[119] E dixo otrossi: „Ca yo ssé que, desque yo muriere, errar erraredes."[120] E esto muestra ssobre sabiduria propria que errarian a Dios, non que era como condiçion nin con ennadimiento de vierbo, como dizia rrabi Mosse. E más, que non conviene dezir que es condiçion el
25b viesso ⟨25b⟩ que dixo: „Quebrantarlos-an e sservirsse-an dellos quatroçientos annos."[121]

Otrosi lo que escrivió ssobrel viesso que dize: „Enfortezçré el coraçon de Ffaaron",[122] e tanbien ssobrel otro viesso que dize: „Non quiso Çihon, rrey de Esbon, darnos passada por él, ca endureçió Domino[123] tu Dios el su spiritu e enforteçió ssu coraçon."[124] E veemos que despues les puso Dios pena e los mató. E dixo este rrabi Mosse que non los mató Dios por la fortaleza del su coraçon e la dureza del ssu spiritu, que ffue ssentençiada ssobrellos, ssinon por el mal que ante avyan ffecho por su voluntad e por ssu alvedrio para ffazer mal a Israel, como dixo el viesso: „Dixo a ssu pueblo: he pueblo de ffijos de Israel, mucho e fuerte más que

---

[115] S. o., Anm. 21.
[116] Ms.: parientas. parientes in der auch bei Berceo belegten Bedeutung ‚Eltern'.
[117] Dt 31, 16 „ecce tu dormies cum patribus tuis et populus iste consurgens fornicabitur post deos alienos / in terra ad quam ingredietur".
[118] Dt 31, 21 „scio enim cogitationes eius quae facturus sit hodie / antequam introducam eum in terram quam ei pollicitus sum".
[119] Dt 31, 27 „ego enim scio contentionem tuam et cervicem tuam curissimam / adhuc vivente me et ingrediente vobiscum / semper contentiose egistis contra Dominum / quanto magis cum mortuus fuero".
[120] Dt 31, 29 „novi enim quod post mortem meam inique agetis".
[121] S. o., Anm. 110.
[122] S. o., Anm. 112.
[123] Ms.: dominō.
[124] Dt 2, 30 „noluitque Seon rex Esebon dare nobis transitum / quia induraverat Dominus Deus tuus spiritum eius et obfirmaverat cor illius / ut traderetur in manus tuas".

nos; daca, fagámosle maestria sabia"¹²⁵, que esta obra fizieron Ffaraon e su pueblo por su alvedrio ⟨25c⟩ e por su maliçia de coraçon, sin ninguna nesçessidat; e fue la pena de Dios en ellos, que non enbiassen el pueblo, por que ovyessen a morir. Otrossi esta rrazon de rrabi Mosse es flaca e non conviniente, por rrazon de lo que dixiemos que ninguno de los egipcianos non salió de la ssentençia que ffue ssentençiada sobrellos. E más, que non fallamos que Çihon fiziesse ningund mal a Israel por ssu voluntad, ssinon que fizo esto que fue sentençiado ssobrél para ffazer. E más, que los viessos dan testimonio que la sentençia fue sobre Phaaron e sobre Çihon por onrra de Dios e de Israel, e non dan testimonio que fue la sentençia por el mal que ante fizieron, como dize el viesso: „Ca yo engravié el su coraçon e el coraçon de ssus siervos, porque ponga yo estos mios signos en él, e porque anunçies ⟨25d⟩ en orejas de tu ffijo e de fijo de tu fijo lo que ffize en Egipto."¹²⁶ E dixo otro viesso: „Ca enduresçió Domino tu Dios el su spiritu e enforteçió su coraçon por darle en tu mano."¹²⁷

E más, que nos veemos omnes que naçieron enffermos e menguados de mienbros, e que les contesçieron dolençias e muertes, ante que fuessen convinientes para pecar. E paresçe desto que puede seer muerte ssin peccado e tribulaçiones de sin peccado. Otrosi, lo que es otorgado en el Talmud en esta rrazon, es que puede venir muerte e tribulaçiones de ssin peccado que aya ffecho. Mas la otra opinion, que dixieron algunos, que non puede venir muerte nin tribulaçion a ninguno, ssinon por peccado que aya ffecho, fincó contradicha en el Talmud. E pues que esto es assi, ¿por quál rrazon sseria guisado a venir muerte e tribulaçiones por peccado que ssea antevisto¹²⁸ ⟨26a⟩ del ssaber eterno de Dios? E non conviene a dezir que sse encubrieron estas rrazones de tan grand sabio como rrabi Mosse, sinon porque fazie desviamientos de rrazones para amanssar e acallantar los aprentizes que non alcançaron el cumplimiento del grado del estudio e del entendimiento, e que non sson convinientes para descubrirles la verdaderia desta poridat e de las pruevas que yo tengo para dezir. Que aquellas palavras de rabbi Mosse en esta rrazon, non las tenia él por pruevas maniffiestas nin abondables, ssinon desviamientos¹²⁹ para amanssar e acallantar los diçipulos es¹³⁰ lo que escrivió en esta manera: „Cata mis palavras en esta rrazon, e pon tu coraçon en ellas, e conpáralas a las palavras de los otros, e ecoje tú lo mejor." E veet agora que, ssi él toviera aquellas razones por prue-

---

¹²⁵ Ex 1, 9–10 „et ait ad populum suum / ecce populus filiorum Israhel multus et fortior nobis / venite sapienter opprimamus eum".
¹²⁶ Ex 10, 1–2 „ego enim enduravi cor eius et servorum illius / ut faciam signa mea haec in eo / et narres in auribus filii tui et nepotum tuorum / quotiens contriverim Aegyptios".
¹²⁷ S. o., Anm. 124.
¹²⁸ Ms.: añt ujsto.
¹²⁹ Ms.: dessujamiētos.
¹³⁰ Vielleicht zu verbessern: en.

vas manifiestas, non ovyera mester a conpararlas a las palavras de los otros, non que eran¹³¹ ellas buenas en ssí, e quiçab que eran¹³¹ corruptas en ssí, sinon que las palavras de los otros eran más ⟨26b⟩ corruptas que las suyas. E paresçe que non entendió Ysaac la entençion e la maestria sabia de rrabi Mosse en lo que dixo palavras convinientes e enderesçadas en manera que las entiendan los omnes sabios e buenos ssegund la verdaderia de su rrazon dellas, e que las entiendan el comun de los omnes segund la manera que les sserá buena. E esto es como lo que escrivió en comienço de su libro «Mostrador de los [Des]acordados», que son falladas en sus palavras contradiçiones segund las causas quinta e septima, que él nombró¹³², que eran¹³¹ por meester de fablar en rrazones profundadas convinientes para encubrir algo dellas e descubrir lo al.

E esto ffue ca rrabi Mosse descubrió concubrio¹³³ en lo que escrivió el ssabio rrabi Bahie ben Bacoda¹³⁴ en esta rrazon, que lo conviniente es que fagamos obras del qui cree que las obras sson dadas al omne e a ssu alvedrio, e avrá pena e galardon por ellas, e que entremetamos en todo lo que nos a⟨26c⟩provechará çerca Dios en amos los mundos, e que ffiemos de Dios tal ffiança como el qui le es manifiesto, que el sennorio de todas las obras e de los movimientos e de los provechos e los dannos, todo es la sentençia de Dios, e está en ssu poderio e en ssu prision e so su cabestro, e que Dios tien rrazon vençedera ssobre los omnes, e que los omnes non an rrazon contra Dios. E dixo más, que fue de la maestria ssabia de Dios que fuéssemos nesçios¹³⁵ en esta rrazon por la flaqueza de nuestros entendimientos, e que en seernos nesçios en esto, ay manera de bien, e que por esso nos fue encubierto; e si nos fuera pro en saber esta poridat, descubriéranosla Dios. Estas fueron ssus palavras deste ssabio, e devemos catar como las dixo con sotileza de lengua. Ca en rrazon de la libertad del albedrio dixo que fagamos obras del qui cree, e en rrazon de la ssentençia e de la nesçessidat dixo que fiemos de Dios tal fiança del qui es ⟨26d⟩ manifiesto a él. Ca en la una rrazon dixo ,lengua de creençia', e en la otra ,lengua de manifestança'. E esto fue porque manifiestamientre ffirmava la ssentençia e la nesçessidat, ssinon que ffirmó la libertad por mester de la creençia de la Ley. E dixo que la semejança más çercana para esto es de lo que veemos en el fflaco de vista, que nol aprovecha la luz del ssol a menos que ponga velo delgado ante ssus ojos, e quanto más la dolençia fuere mayor, tanto le fará más pro el velo más espesso, e quanto más la dolençia de los ojos fuere más liviana, aprovecharsse-a del velo más delgado. E mostró en esta ssemejança, que en aquella ssu palavra puso como velo

---

[131] Ms.: erand. S. o., Kap. 2, Anm. 1.
[132] „Enfin les divergences qui peuvent exister dans le présent traité émanent de la cinquième et de la septième cause" (I, 31).
[133] Das Wort ist sonst nicht belegt. Die Bedeutung ist anscheinend ‚Verborgenes', ‚verborgener Sinn'.
[134] S. o., Anm. 84.
[135] S. o., Anm. 80.

delgado para encubrir la verdat, que es assemejada a la luz del ssol, para la nuestra flaqueza. E esto es como lo que dixo primero, que en seernos nesçios en esta rrazon, es nos manera de bien.

Otrosi yo escriví en el «Libro de la Poridat de la Rretribuçion» otra ⟨27a⟩ ssemejança segund aquella para el que non es guisado de saber aquella poridat, e es ésta: Asi como el doliente que non se le guisa de tollerle las causas del dolor fuerte que es en alguno de ssus mienbros, si tomare las melezinas rrefriadoras e entomeçedoras que fazen perder el ssentimiento de aquel mienbro, entonçe avrá ffolgura de aquel dolor. E assi fizo rrabi Mosse como rrabi Bahye. Ca en lo que dixo que el poder de todo omne es dado en su mano, e que non ay ningund forçador quel fuerçe para ello, mostró[136] en esto e en todo lo al que le ssemeja en ssus palavras, que devemos fazer obras del que cree que todas las obras son dexadas al omne, e que avrá pena e galardon por ellas, e non que trabajemos e que nos entremetamos en todo lo que nos aprovechará çerca de Dios en los dos mundos.

E en lo que dixo que Dios ssabe cada una de las dos cosas posibles que fará segun su verdaderia, mostró en esto e en todo lo al que la ssemejança en ssus palavras, que fie⟨27b⟩mos en Dios fiança del qui sabe connosçidamientre que todas las obras e los movimientos e los provechos e los dannos vienen e sse tienen en la sentençia de Dios e en ssu prision e en su cabestro.[137] E él fizo gra[n]t maestria ssabia en esto, porque el entendudo non falle contradiçion nin mengua en la rrayz de sus palavras. E esto fue en lo que firmó la possibilidat ssobrel humanal linage en quanto a voluntad e en el seer eterno, e en lo que firmó la nesçessidat en los individuos en quanto sson en el seer tenporal, que es nesçessado de la espera, ssinon que cresçentó las palavras en publicar que es mester de entender que la libertad es puesta al omne. E dio avantaja en ssus palavras para confirmar el provecho que viene dende al comun de los omnes, que an por uso de acostarsse a las muchas palavras e los muchos vierbos e rretornayramiento[138] dellos muchas vezes e en muchas maneras. ⟨27c⟩ E tovo por abondo en una palavra o en dos para confirmar la verdat al entendudo, que non es su uso de acostarsse ssinon a la fortaleza de la verdat e ssu enforçamiento, e para entender la sotileza de las palavras e de los vierbos que son dichos encubiertamientre, como es tal en las condiçiones del ssabio que mereçe darle los ssecretos de la Ley, que ssea conssejero e sabio e entendedor de las palavras que son dichas de quedo. E aquel es el qui con él ffablava rrabi Mosse en aquel libro, con que el libro es puesto e dado a todo omne, sabio o nesçio.

Esta es la escusa que entendió de rrabi Mosse e de todos los otros sabios que dixieron tales palavras como él dixo en esta rrazon. E qui non quisiere rreçebir esta

---

[136] Ms.: axostro.
[137] Die Satzkonstruktion ist mangelhaft. Möglicherweise ist etwas ausgefallen.
[138] Zur Bedeutung des sonst nicht belegten Wortes s. Kap. 2, Anm. 11.

escusa por rrabi Mosse, e le toviere por nesçio e errador, Dios gelo demandará cier‑
27 d tamientre. Mas el q*ui* q*ui*siere pon*er* ava*n*taja a la ssobrefaz forana de ssus ⟨27 d⟩ palavras e dixiere q*ue* non fueron de man*er*a d'estudio filosofico ssino*n* de man*er*a de teologo solamientre, maguera q*ue* paresçe en *e*llas como q*ue* fueron de man*er*a de estudio ffilosofico, como lo q*ue* dixo en *e*l capit*u*lo XXVII° de la terçera parte de aq*u*el libro, que estas rrazon*e*s grandes e onrradas, non puede sser dada prueva çierta a ellas en ni*n*guna guisa, poderlo-a ffaz*er* assi este avantajador p*ara* eng*r*ossar el velo ante ss*us* ojos, por q*ue* nol faga dan*n*o la luz del ssol por la flaqueza de vista de ss*us* ojos, e para tomar las melezinas mucho enfriadoras e entomeçedoras q*ue* matan el ssintimiento, por q*ue* amoje e q*ue* non ssienta el dolor fuerte q*ue* tien en su cuerpo. Mas el q*ue* pusiere avantaja a la ssu ssobrefaz forana de ss*us* palavras de rrabi Mosse e toviere q*ue* sson v*er*daderas ssegund rrazon filosofica, como lo cuydó por él Ysaac el dicho, ⟨28 a⟩ aqu*e*l es el errador ssegund v*er*dad, como es p*r*ovado.
28 a E el q*ue* bien catare en *e*l capit*u*lo III° de aq*ue*l libro de rrabi Behaye ben Bacoda, fallará en *é*l rrazon ano*n*brada al entendimiento para ayuntar e allegar la forma de la nesçessidad con la justiçia de las rretr*i*buçione*s,* q*ue* da testimo*n*io ssobre la v*er*daderia destas mis palav*r*as. E assi el «Libro de Calila e Digna¹³⁹» lo demuestra tal en *e*l «Capit*u*lo del Ffijo del Rrey e de ssus siervos»¹⁴⁰, q*ue* es capit*u*lo de la nesçessidad. E assi en la glosa q*ue* fizo Abraam ben Ezra al libro de «Eclesiastes» es fallada o esplanada esta rrazon, ssino*n* q*ue* non abondó lo q*ue* dixieron para rrazon de la pena e del galardon, ni*n* en qual man*er*a es duro e fuerte a los om*n*es de alcançar esta rrazon, sseyendo ella v*er*dadera.

---

[139] Ms.: dignā.
[140] Es handelt sich um das Kapitel 17. In der spanischen Übersetzung aus dem 13. Jh.: „Del fijo del Rey et del fidalgo et de sus conpañeros".

cap. 8

El capitulo octavo es para provar que este Ysaac conosçia en alguna ⟨28b⟩ manera ssus errores en esta rrazon, sinon que sse tenia en ellos por rrazon de porffia e queria vençer con vanagloria.

E fallé ya quinta escusa a Ysac el dicho en aquel ssu libro, e esto es que de la virtud de ssus palavras paresce que él mismo varruntava ya quanto la flaqueza de ssus rrazones, ssinon que non lo queria connosçer paladinamiente por el amor que avya de vençe[r] e de la vanagloria; e esto es que escrivió en la ffin de sus palavras esta palavra: „Non sso yo sseguro de ty, mi¹ amador, que non enclinen aun el tu entendimiento aquellos contradezidores, para creer ssus opiniones e poner aun dubda en las pruevas que te nombré, ffasta que nos veamos en uno, e te mostraré aun otras rrazones convinientes a éstas, que sso canssado de las escrivir." E paresçe desto que él non era seguro de aquellas ssus pruevas que toldrian las dubdas de aquel ssu amigo, e ovo mester ⟨28c⟩ por esto afiuzarle quel mostraria aun en otro tienpo otras rrazones para ello, las quales rrazones non podia agora escrivir, porque era canssado de la pennola, o del consejo, o del entendimiento. E es esto como lo que dizen los omnes que „quienquier mintir, aluenga testimonio". E afalagávale con palavras en que le llamava „mi amador" muchas vezes, para meterle en ssu opinion por el amor que el otro avya con él, non por fuerça del entendimiento de la rrazon. E ssi lo ovyera llamado „mio amigo", en lugar de quel llamó „mi amador", ffuera falago² más conviniente, e como qui quiere descubrir a ssu amigo las verdades que sson cobdiçiadas a él. Mas en que lo llamó „mi amador" en todo aquel libro, e nunqua le³ llamó en él „mi amigo", descubriosse que quiso Dios descubrir el ssu peccado por ⟨28d⟩ ssu mano e ssu pennola misma dél, como qui fabla a los qui le aman, los quales an por huso de fazerle falagos⁴ e plazenterias, siquier con verdat, siquier con mentira. E atal como estos fabló él, que sinon le otorgaren sus palavras por rrazon de la verdat, quando non la vieren en ellas, otorgárgelas-an por el amor que ellos an con él.

E otrosi por esta rrazon non escrivió su nonbre en ningu[n] lugar daquel libro ssuyo, porque pudiesse negar que él non conpusiera aquel libro, quando sse viesse en priesa de algunos omes entendudos que le viessen los yerros que son en aquel libro. E desto paresçe que el ssu entendimiento ascondido avya verguenna de los ssus yerros manifiestos. Otrossi por esso dixo que diria una premissa, que la avyan mester los que cuydan puxar ssus rrazones con cannavera e con paja, e que todo que pone rrazon o que ⟨29a⟩ rresponde al conponedor contradiziéndole, es le mester ante ⟨...⟩⁵ que estudie en todos los libros que sson conpuestos en aquella rrazon de

---
¹ Ms.: mj.
² Ms.: fallago.
³ Ms.: lle.
⁴ Ms.: fallagos.
⁵ Hinter *ante* steht ein Einfügungszeichen, das auf einige nicht mehr entzifferbare Wörter am Rande verweist.

todos los ssabios passados, e que non enloçanezca en ssu ymaginaçion, nin que cuyde en ssu coraçon firmar alguna cosa o negarla por ssu enendimiento solo, ssinon por el entendimiento de todos los ssabios, como lo nonbró el Philosofo⁶. E Ysac en esta su palavra cuydó ennoblesçer e engrandesçer la ssu sapiençia e el ssu estudio en todos los libros que fueron conpuestos en esta rrazon, e cuydó espantar los oydores e fazerlos callar. E dio a entender que el que le contradixiere, que es omne que se enloçanesçe con ssu ymaginaçion, de ssin estudio de libros, para puxar las sus rrazones nobles con cannavera e con paja. E esta es manera de todo omne que connosçe la flaqueza de ssus rrazones, e las quiere enfforçar con palavras e con

29 b bozes ⟨29 b⟩ e con espantos de rrazones vanas, ssegund lo que dixo el viesso: „Ca viene el suenno con mucha rrazon, e la boz del loco con muchas palavras."⁷

Otrosi cuydo yo que por esso quiso firmar la su rrazon terçera firmando las rrazones de „la nuestra Ley santa", ca quiso adozir prueva de las cosas rreçebidas sobre las cosas entendidas; e esto es contra el huso de los entendudos. E para ayudarsse más de la Ley, onrrola e metiosse so ssu ssubjeçion llamándola „nuestra Ley sancta". E assi quiso firmar ssu rrazon en desatar la est[r]ologia por rrazon del mandamiento del onrrar el padre e la madre. E esto en lo que dixo que el omne, que dizen dél que ovo buen ssigno⁸ e que es omne de buena ventura, desonrran mucho en esto a ssu padre e a ssu linage en que dizen que non mereçieron ellos aver tan

29 c buenos signos e tan buena ventura como él. ⟨29 c⟩ E tornosse a querellar e a calonnar e a dolesçersse del mal que alcança⁹ a los omnes porque creen la sentençia, que sse dexan por ello de sus lavores, e que mueren de fanbre en su mançebez¹⁰ o en ssu vejez, e que mueren los dolientes por rrazon que les fazen a entender e esperar fasta que venga la hora conviniente para sangrarlos o darles purga, ssegund las opinnones de los astrologos. E despues tornosse a llorar e endechar por ellos, e rrogar a Dios que les dé venga¹¹ de los astrologos. E más dixo: „Dios tome dellos la venga de los pobres mezquinos, e tuelga las cree[n]çias ffalssas de nuestros coraçones." E otrosi éste es el huso de los que engannan¹² los omnes con palavras de ffalagos alongados de la verdat, que por ellos dixo el viesso: „El que bendize ssu vezino en boz grande de mannana madurgando, en denuesto le será contado."¹³

29 d E despues desto tornó a dezir que non puede sseer en el mundo ⟨29 d⟩ justo que aya mal nin malo que aya bien e que los más de los antigos e de los prophetas pas-

---

⁶ Gemeint ist Aristoteles.
⁷ Ecl 5, 2 „multas curas sequuntur somnia et in multis sermonibus invenitur stultitia".
⁸ M.: ssignō.
⁹ Ms.: alcançā.
¹⁰ Ms.: mancebes.
¹¹ Belegt ist nur galic. *vinga*.
¹² Ms.: enganauā.

sados, con todo el comun de las gentes, lo dizian anssi ssegund su entendimiento menguado, e que arrojavan palavras de desonrras contra Dios e ponian ssospecha en los juyzios del Julgador verdadero. E dixo que aquellos quebrantavan los muros de la Ley e de los ssus mandamientos, e que non ha en el mundo heregia mayor que ésta. E esto es grant maravilla de comol aduxo la sobervia del ssu corçon e la loçania del querer vençer a dezir tan gran heregia como ésta en llamar a todos los proph[et]as e a todos los sabios del Talmud, que connosçieron justo que a mal e malo que a bien, menguados de entendimiento, e que arrojaron palabras de desonrras contra Dios, e que eran ereges, e que quebrantavan los muros de la Ley e de los ssus mandamientos. ¡Evad aqui la onrra e la santidad que dio primero a la Ley, que sse metió so su subjecçion quando la llamó ‚nuestra Ley santa', ⟨30a⟩ que agora llamó a ssus prophetas e a sus sabios menguados de entendimiento e arrojadores de palavrras de desonrras contra Dios e ereges e quebrantadores de los muros de la Ley e de los mandamientos! E en esto sse metió en buelta de los falssos, que dize por ellos en la profeçia de Ysayas: „Porque se me allegó este pueblo con su boca e con sus labros me onrraron, e ssu coraçon alongaron de mí."[14]

E quando fizo como contradiçion a ssí mismo por algund justo que cayó piedra del techo e le quebrantó la cabeça, rrespondió que tales cosas como esta non viene sinon en manera de acçidente e pocas vezes, e que non devemos catar por ellas. ¡Evat que en esto sse tornó a otorgar que podia seer justo que ovyesse mal, sinon que él tiene que esto es por acçidente soluto[15] e desmanparado, de sin entençion de ninguno! E tienen los sabios que non puede seer sinon con entençion de Dios. E por esso los tenia él por menguados de entendimiento e por hereges e quebrantadores de los muros de la Ley, e que arrojavan palavras de desonrras contra Dios, como los tovo ⟨30b⟩ por nesçios e por ffalssos en lo que firmavan[16] las mientes de Dios e el su saber eterno en todas las cosas e los juyzios de las estrellas, como lo prové por sus dichos dellos en este libro e en el otro «De la Poridat de la Rretribuçion».

E aun más es de maravillar mucho en como desatava la sentençia de Dios e de la[s] estrellas de parte de la Ley e de los mandamientos, como lo escrivió en la ssu rrazon terçera, teniendo él que non puede seer que justo aya mal nin malo bien, e segund la ssemejança que ffizo de un omne que avya dos fijos e los castigava siempre que comiessen quando ovyessen fanbre e beviessen quando ovyessen ssed, e que el un fijo fízolo, e vivió, e que el otro non lo fizo, e murió, e que ssi es nesçessado para aver bien el justo e mal el malo siempre, pues luego será esto de buelta de la nesçessidat segund lo son las cosas naturales, que non demuda[n] sus curssos. Que

---

[13] Prv 27, 14 „qui bendicit proximo suo voce grandi de nocte consurgens maledicenti similis erit".
[14] Is 29, 13 „eo quod adpropinquat populus iste ore suo et labiis suis glorificat me / cor autem eius longe est a me".
[15] S. Kap. 6, Anm. 24.

si catarmos a lo que las buenas obras e las malas endebdan las rretribuçiones sienpre, ⟨e lo mis⟩mo es huso de las cosas naturales, será esto prueva de la nesçessidat por esta parte e del derecho de las rretribuçiones que siguen ⟨30c⟩ a las obras, aunque las obras ssean neçessadas. E esto es contrario de lo que él cuydó provar de los mandamientos de la Ley. E si catarmos a lo que es fallado justo que a mal e malo que a bien, será esto ayuda a la opin[n]on de la nesçessidat, e non contradiçion a ella, como lo tenia Ysaac. Ca non es esto el derecho de la Ley con que él cuydava desatar la nesçessidat e que dizia por ella: „si el Juez de toda la tierra non faria juyzio"[17]; e dezirle-an los de la nesçessidat que la bondat de la Ley non aprovecha en esto nada. E como dixieron que ffijos e vida e govierno non es decolgado en bondat, ssinon en ventura. E dixieron que el ssigno ffaze al omne seer sabio, e el signo le faze sser rrico, e el ssigno mantiene a Israel.

E assi dixieron de rrabi Alazir ben Pedat[18], quando avya grant coyta de pobreza e que non tenia que comer, e que dixo: „Dios, plázete que desfaga el mundo e que despues le crie, e que quiçab que serás criado en tienpo que avrás ⟨30d⟩ governio", que descubrieron en esta palavra cosas maravillosas segund sus opinnones, e sson estas: Que los governios sson decolgados a cada un omne segund la ora en que fuere criado aquel omne, e que non puede seer deserrada aquella ssentençia mientre que el mundo durare, porque aquella sentençia es de buelta de lo que ssentençió Dios ssobre todo el mundo. E aun quando pudiesse sseer cuydado que desataria Dios este mundo todo e que criaria otro mundo, non sserian los omnes criados en él ssegund que paresçe a los omnes que serie bien e conviniente para ellos, sinon segun que es en la ssentençia[19] eterna de Dios, que non puede seer mudada por ninguna guisa, e como dizen que dixo Dios: „en tal guisa sse alçó en el mi penssamiento."[20] E dixieron otrossi que non son sus costumbres de Dios piadades, ssinon ssentençias. E assi como non son sus costunbres piadades, asi non son sannas nin zelos nin ninguna ⟨31a⟩ de las otras costumbres passivas, e como dixo el viesso en la propheçia de Ysayas: „sanna non he."[21] Ssinon que le fueron nonbradas en la Ley las costunbres passivas por amor de firmar en los coraçones del comun de los omnes e conoçer las rretribuçiones de Dios ssobre los fechos de los mandamientos ssegund las ssus sentençias en ssemejança de las rretribuçiones de los omnes unos a otros ssegund las ssus costunbres passivas dellos. E todo esto es prueva de ssus dichos de los sabios ssobre la nesçessidat de la sentençia que sigue al ssu saber eterno de Dios, ffasta que los sabios ffueron por esto forçados a dezir que la pena e el galardon de la Ley non

---

[16] Ms.: firmauas.
[17] Hier scheint etwas ausgefallen zu sein.
[18] Eleazar ben Pědat.
[19] Ms.: ssapiençia.
[20] Offenbar kein Bibelzitat.

es para este mundo, que es en el sseer temporal, ssinon para el otro mundo, que es en el seer eterno divinal. E esto es lo que dixieron que el galardon de los mandamientos non es en este mundo, e sobrel viesso que dize en el [De]uteronomi²²: „estos sson los mandamientos que yo te mando oy ⟨31b⟩ para los fazer."²³ E dixieron ellos: „‚oy‘ es para los fazer, e non es ‚oy‘ para tomar ssu galardon dellos." E esto tengo yo por verdat manifiesta, en que non es dubda ninguna nin murmuraçion a los que la bien entienden, porque las obras de los mandamientos son a sus rretribuçiones dellos de las causas primitivas, non de las causas conjuntivas. E veet quánto es en esto desacuerdo e yerro de Ysaac, que él quiso desatar la sentençia e el ssaber eterno de Dios por rrazon de la Ley e de sus mandamientos.

E esto en lo que dixo que non devia el justo rreçebir buen galardon por ssus obras buenas, nin el malo mal por ssus malas obras, despues que todas sus obras vienen en manera de sentençia e de nesçessidat. E quando vido que desatando la nesçessidat e el saber eterno sseria desatamiento de la Ley e de las rretribuçiones, ca el que non connosçe las obras que los omnes ffazen non las puede mandar fazer ⟨31c⟩ nin dar rretribuçiones por ellas, tornosse a dezir que las rretribuçiones son forçadas de las obras segund las cosas naturales; e mostró manera de como dan mal al malo e bien al bueno, maguera que non alcançe nin connosca Dios sus obras dellos. E por ende, la contradiçion que ffizo, de que non devia aver bien el bueno nin mal el malo, despues que todas ssus obras viniessen en manera de sentençia e de nesçessidat, non es contradiçion que vala nada, porque las rretribuçiones, que siguen nesçessariamientre a las obras, serán [forçadas], ahunque las obras sean neçessadas. E esto es la opinnon de los que creen [en] la nescessidat, e por ende cayó Ysac en aquello de que fuýa.

E este Ysaac, en lo que cuydó que el trabajo e el entremetimiento solamiente del omne es la causa cumplida para ssu bien, e que la su pereza e el dexarsse de trabajar e entremeter²⁴, aquello solo es la causa cunplida para ssu mal, de ssin ⟨31d⟩ que aya y otra causa ssobre ssí, nin de çerca nin de luenne, tomó la opin[n]on de los que les va bien en este mundo, que sse quiere[n] alabar diziendo que ellos por ssu fuerça e por su entremetimiento ganaron aquel algo. E tovo Ysac por esto que ssus rrazones eran²⁵ verdaderas en esta rrazon como lo que dixo el viesso en los «Proverbios de Salamon»: „Sabio es en ssus ojos el varon rrico."²⁶ E asi como desatava Ysac la ssentençia de Dios por parte del mandamiento del onrrar el padre e la madre, assi le conviniera a desatar el entremetimiento por rrazon del onrrar el

---

[21] Vielleicht Is 57, 16 „non enim in sempiternum litigabo neque usqua ad finem irascar". Auch hier scheint der Text verderbt zu sein.
[22] S. Kap. 7, Anm. 21.
[23] Wohl Dt 5, 1 „audi Israel caerimonias atque iudicia / quae ego loquor in auribus vestris hodie / discite ea et opere conplete".
[24] Ms.: e el entremeter.
[25] Ms.: erand. S. Kap. 2, Anm. 1.
[26] Prv 28, 11 „sapiens sibi videtur vir dives".

padre e la madre. Ca fea cosa e desonrra le sseria a ssu padre e a su madre, sseyendo pobres, que dixiessen por ellos que por su pereza dellos fueran pobres e desonrrados, e que él fuera mejor que ellos e mereçedor de más onrra que ellos. E por ende,

32 a si tornasse la disputaçion entre ⟨32 a⟩ las dos conpannas, que son la conpanna de los²⁷ rricos e la conpanna de los pobres, ca los pobres dizen que todo es decolgado en la sentençia de Dios, como dizen los rricos que todo es decolgado en su entremetimiento del omne, sserá tenida por verdat la rrazon de los pobres, por rrazon del viesso que dize que „enpos los muchos es a encostar".²⁸ Pobres son más que los rricos en el mundo, e demás, que la sciençia comunalmientre es fallada en los omnes baxos e humiliados, e non en los loçanos de spiritu. E como lo que dizen los omnes: „Échate ssin çena, e lavantarte-as maestro e sabio."²⁹ E esto es porque los menesterosos, que an menester las cosas, escodrinnan por fuerça; e los seguros, que non an me[n]ester las cosas olvidan, e non escodrinnan.

E éstas son contradiçiones a Ysac as[e]gund de sus palavras dél, en la manera que dixo el viesso en el »Libro de los Proverbios de Salamon»: „Rres⟨32 b⟩ponde al loco

32 b como su locura, porque non sse tenga por sabio en sus ojos."³⁰ E assi dixo en otro viesso: „Corona de sabios es la su rriqueza dellos, e la locura de los locos locura es."³¹ Como que diz que, como quier que la rriqueza es corona e onrra de los sabios quando la ovieren, por esso todo non es la rriqueza tal que tuelga la locura de los locos de non sseer locura. Mas la verdat, que es sin vanderia a ninguna de las dos conpannas, que son los rricos e los pobres, es ésta: que non son todas las cosas decolgadas nin sostenidas en la ssentençia nin en la nesçessidat ssin el entremetimiento e el alvedrio de bue⟨lta⟩ de la sentençia, porque a las vegadas es el entremetimiento de buelta de la sentençia, e que non sson todas las cosas decolgadas e sostenidas en el entremetimiento e en el alvedrio ssolo del omne, porque a las vezes será vano el entremetimiento e en el alvedrio del omne. E ⟨32 c⟩ esto será quando el entreme-

32 c timiento e el alvedrio del omne fuere contrario de la sentençia de Dios en aquella cosa que el omne busca.

E esto es como lo que dixieron los sabios en el libro «Quidussin»³², que siempre deve omne mostrar a ssu fijo maestria limpia e liviana para ganar algo, e demande merçed a Dios, cuya es la rriqueza, porque non es pobreza nin rriqueza ganada por

---

²⁷ Ms.: de los *wiederholt*.
²⁸ Es ist unklar, ob es sich um ein Bibelzitat oder um ein Sprichwort handelt.
²⁹ Vgl. „Qui sin cena sse yeta, mayestro se levanta", in *Romancea proverbiorum* (ca. 1350), ed A. Ríus Serra, *Rev. de Filol. Españ.*, 13 (1926), 370.
³⁰ Prv 26, 5 „responde stulto iuxta stultitiam suam ne sibi sapiens esse videtur".
³¹ Prv 14, 24 „corona sapientium divitiae earum fatuitas eorum stultorum inprudentia".
³² Ms.: quidus ssin. Der Traktat «Ḳiddušin» des Talmuds.

maestria del omne, mas es de Dios, que dixo, e fue el mundo por ssu dicho.³³ E por esso dixo el viesso: „Mia es la plata, e mio es el oro, dize Domino Ssabaoth."³⁴ E esto mismo es lo que dixo Hillel³⁵: „Si yo non fuere para mí ¿quién sserá para mí? e aunque yo sea para mí ¿qué yo so?" Evat que mostraron en esta rrazon que non son todas las cosas decolgadas e sostenidas en el entremetimiento e el alvedrio del omne de sin ayuda, como lo dizia Ysaac. E ahun es grant maravilla dél en lo ⟨32d⟩ que dixo que los juyzios de la astrologia sson eguales a los juyzios de la geomançia, que son puntos echados a ventura en el arena o en el papel con tinta. E los agoreros e las adevinanças que catan por el huesso de la espalda e por el gritar de las aves, e que todas son chufas e vanidades, en manera que non an ninguna proporçion nin decolgamiento³⁶ entre sus causas a los causados dellas.

E este Ysac mismo avya ya dicho en aquel libro que con medianeria de los cuerpos divinales del çielo enbia la intellegençia obradora ssu luz sobre el entendimiento material que es en nos, e nos faze ssaber las cosas encubiertas que son e los que an a seer. E tal cosa como ésta non sse endebda de los puntos de la arena, nin de la tinta, nin del huesso del espalda, nin de las bozes que echan las aves, como se endebda de los signo[s] e de las estrellas, e sus movimientos e ssus catamientos que son causas [a] la generaçion e a la corrupçion e a las cosas ⟨33a⟩ que ssiguen a ellas, ssegund tienen todos los sabios, e non son los puntos nin las bozes de las aves causas para esto, ssinon causadas de las virtudes susanas, como las otras cosas nuevas. E más, que el ssaber de las cosas encubiertas que an a seer, non es sinon en las cosas nesçessadas e ordenadas por el ordenamiento de sus causas, e como lo nonbré de dichos de Ysac mismo. E por ende es esto contrario de lo que dixo primero, que non conviene a creer por ninguna manera que las cosas acçidentales sson ssabidas e alcançadas de ningund ssabidor ante que ssean.

E acaesçiól a Ysac en aquel ssu libro como le acaesçió en otro libro que fizo, que le llamó «Libro de la Esperança»³⁷. Ca siguyó en el contrario de lo que queria mostrar por el nombre que le llamó «Libro de la Esperança». E esto es que ssiguyó en el perdimiento de la esperança a las almas de los omnes depues de la muerte. E esto es en que firmó en él, ssegund sus palavras, que lo que fincó del alma de Rruben despues de la muerte, ⟨33b⟩ non es ssinon lo que finca del alma de Simon. Ca sse endebda desto a dezir que non ay pena ninguna al malo, nin galardon al bueno, quando non ovyere departimiento entre las almas, en guysa que fuesse la una otra cosa que la otra, e non avria avantaja uno sobre otro, nin justo cumplido ssobre

---

³³ Ex 1, 3 ss.
³⁴ Agg 2, 9 „meum est argentum et meum est aurum dicit Dominus".
³⁵ S. Kap. 5, Anm. 9.
³⁶ S. Kap. 7, Anm. 38.
³⁷ Über dieses auch in «Tĕšuvot la-Mĕharef» erwähnte Werk ist nichts Näheres bekannt.

justo non cumplido, nin malo non cumplido sobre malo cumplido. E tollerse-ýa la rresurreçion de los muertos ssegund sus palavras, en como es la opin[n]on de los muchos omnes. E maguera que es fallada tal rrazon como ésta en sus dichos de rrabi Mosse el Egipçiano, ya escriví escusaçion conviniente a él ssolo sobrello e de como sserán las almas de los omne[s] apartadas una de otra despues de la muerte en el libro que nonbré «Mostrador de Justiçia»,[38] que sserá luengo de contar e de lo poner en este libro. E con que non es de la primera mi entençion en él, sinon que lo nonbré aquí assumadamientre, porque non yerre ⟨33c⟩ omne en cuydar que la ssu rrazon de Ysaac es verdadera e çierta, porque paresçe, segund el entendimiento grossero, que es tal como la rrazon de rrabi Mosse en estas opinnones profundadas, que dan astragaçion e perdimiento al mundo ssi el omne non se reguardare en ellas en la fin de la guarda. E demás, sseyendo, como lo que dixo Temistius,[39] que el seer de las cosas non ssigue a las opin[n]ones, mas que las opinnones çiertas es mester que sigan al seer de las cosas. E assi que la verdat non es decolgada en el omne verdadero, mas el verdadero, en quanto es verdadero, es decolgado en la verdat. Otrosi, que non es inpossible que algun omne non verdadero en lo más de ssus palavras ssea v[er]dadero en una o en dos, mayormientre sseyendo omne que husó todo su tiempo entre sabios e trabajó much[o] en en estudiar las sçiençias, sinon que non alcançan todos los omnes a saber e conosçer la verdat de todas las cosas ⟨33d⟩ de la parte que es verdat e sseer juez derechurero en ella.

E ya abondosamientre es dicho en descubrir ssus yerros de Ysac en esta rrazon. E porque aquellos yerros e desacuerdos fueron muchos en ssus palavras, seyendo él de los estudiantes en la manera que es, non conviene a dezir que fueron encubiertos dél cumplidamientre, mas co[n]viene a dezir que el amor que avya de querer vençer e ganar onrra de[40] vanagloria, aquello le sontraya[41] e lo enduzia mucho a la parte de la locura e de la nesçedat, como lo prové por muchas maneras. E esto es de las ssus palavras otrosi ayuda para mi rrazon. E despues que es provado en todas las maneras, e paresçidos los yerros que enbolvió Ysac en aquel ssu libro en rrazon del saber de Dios, e es provada ssu escusaçion de rrabi Mosse e de los otros ssabios que confirmaron la libertad en poder del omne por miedo de la justiçia de las rretribuçiones, es[42] cunplida la mi entençion en este libro.

---

[38] S. Einleitung.
[39] Themistios (ca. 317–388), Philosoph und Aristoteles-Exeget. Offenbar zitiert nach Maimonides: „Mais je te dirai en thèse générale que la chose est comme l'a dit Thémistius, savoir: que l'être ne s'accommode pas aux opinions, mais que les opinions vraies s'acomodent à l'être" (I, 345).
[40] Oder: *onrra e v.* Nicht deutlich lesbar.
[41] Die Bedeutung ist anscheinend ‚verführen', ‚verleiten'. Das Verb ist sonst nicht belegt. Vgl. *sonsacar*.
[42] Ms.: rretribuçiones + puesto esto.

⟨34a⟩ El capitulo noveno es para mostrar razon por que fue mester sseer descubierta esta poridat de la predestionaçion de Dios, e de las cosas que sse siguen a ella en este nuestro tiempo en que agora somos, maguera que non fue descubierto conosçidamientre fasta aqui.

E aun fincó para soltar una contradiçion muy fuerte que podria dezir el contradizidor, que, pues que es provado que este fecho de la neçessidat e de la predestinaçion es conviniente de seer ssecreto e poridat encubierta de los omnes, e que non sse atrevian los sabios a fablar en él, a menos de poner velo delgado ante los ojos de los veerdores, e algunos del[l]os pusieron velo más espesso, e aun otros más gordo e más espesso: Pues ¿por qué seria ninguno en este tienpo atrevido para quebrantar la paret e ensangostar el termino que terminaron los primeros? E ¿quién le daria poder para esto e osadia de coraçon para toller el velo cumplidamientre de delant los ojos de los veyentes e descobrir los secretos e las propiedades de Dios ⟨34b⟩, e por qué non cata por la onrra del ssu criador nin teme de la su pena? ¡Sabio de coraçon e fuerte de virtud quien sse enduresçria contra él, e que ovyesse paz! E assi dixo el rrey Salamon en tal rrazon: „El que quebrantare la pared, morderle-a serpiente."[1]

E nos podemos adobar e solver esta question, diziendo que non es ffuera de derecho nin de conveniençia que alguna rrazon ssea secreto e poridat en algun tienpo por alguna causa, que deve seer descubierta en otro tienpo, quando sse tolliere aquella causa por que era encubierta, o que nasçiere otra causa contra la primera, más conviniente a catar por ella en aquel tiempo. E esto es como lo que dize en el libro «Meguilla»[2], que la trasladaçion de las profeçias que fue fecha al caldeo, díxola el sabio Jonathan ben Huziel[3], e que en aquel tienpo sse estremeçió toda la tierra de Israel e que ssalió boz del çielo e dixo: „¿Quién es éste que descubrió mis poridades a los omnes? Levantosse Jonatan ben Huziel ssobre ssus pies e ⟨34c⟩ dixo: „Yo sso el que descubrí tus poridades a los omnes; descubierto e ssabido es ante ti que non lo fiz por mi onrra nin de mis parientes, mas por tu onrra lo fiz, porque non ssean muchas contradiçiones en Israel." E quiso más descubrir la glosa de las otras profeçias que sson nombradas «Quetubim»[4]. E salió boz del çielo e dixo: „Assaz as fecho en non ffagas más en aquello, porque es en ello el tienpo de la venida del Christo."

Evat que aquellas rrazones, que descubrió Jonatan en dichos de los prophetas, maguera que quiso Dios que fuessen ssecretos e poridades encubiertas en el tiempo

---

[1] Ecl 10, 8: „qui dissipat sepem mordebit eum coluber".
[2] Der Talmudtraktat «Měgilla».
[3] Jonatan b. Uziel. Nach «Měgilla» (s. o. Anm. 2) Verfasser der Prophetenübersetzung ins Aramäische.
[4] Kětuvim (‚Schriften'). Dritter Teil der Bibel.

passado, pudo Jonatan decubrirlas en otro tienpo despues, por la rrazon que dixo que non ovyes[s]e muchas contradiçiones en Israel. Ca paresçe desto que en aquel tienpo naçieron opinnones e rrazones nuevas, que por ellas cayeron contradiçiones que eran⁵ aparejadas de caer entre ellas en aquella cosa, sinon porque las esplanó Jonathan ssegund derecho. ⟨34 d⟩ Ca entendió que el danno que nasçiera de aquellas contradiçiones era peor que el danno que nasçia del descubrir la glosa de aquellos libros. E en tal guisa, maguera que non quiso Dios que les enxenplasse⁶ la propheçias que son nonbradas «Quetubim», porque descubriria en ello el tiempo de la venida del Christo. E esto porque no les viniesse algund danno de aquel descubrimiento, ssegund la esperança e las opinnones que avyan en aquel tienpo, e ssegund lo que dixo el viesso: "Tú, Daniel, ⟨çierra (?)⟩⁷ las palavras e seella el libro."⁸ Con todo esso avya de seer descubierta aquella glosa de aquellas propheçias en otro tienpo quando llegasse la fin de la venida del Christo e que fuessen tollidas aquellas opinnones que fueron causa para lo encubrir dellos en el tienpo passado. E otrossi rrabi Mosse el Egipçiano lo fizo assi, que descubrió muchas rrazones que eran ssecretos e poridades en el tienpo passado. E dio rrazon a ello que lo fazia con entençion de sservir a Dios e por amor ⟨35 a⟩ de toller grandes dannos que vio que ssobrepujavan en su tienpo de creer que era Dios cuerpo, e que avya personas e acçidentes que ponian pluralidat e amuchiguamiento en ssu substançia, e otras cosas siguyentes a éstas. E dixo que queria aprovechar con ssus palavras a un omne justo e bueno, maguera que non ffuessen convinientes a .X. mill neçios.

Otrossi rrabi Samuel ben Tibon⁹ descubrió en ssus libros muchas rrazones que eran poridades en el tienpo dante. Otrossi rrabi Mosse el Egipçiano non las quiso descubrir; e él dixo que en el tienpo de Moysen non connosçian las gentes nin creyan que era un Dios, e que por esso ovo mester Moysen de encubrirles muchas rrazones e de mostrar en ellas otra guisa de como ellas son, por amor de aduzir al comun de los omnes a creerlas; e non las encubrió por otra cosa. E maguera que las encubrió del comun de los¹⁰ omnes e les amostró en ellas otra manera de como ellas sson, non es dubda que las dio en manera rreçibida encubiertamientre a Josué e a los ⟨35 b⟩ Ssetenta Viejos¹¹ con las otras glosas de la Ley que non eran escriptas.

---

⁵ Ms.: erant. Zu dieser Form s. Kap. 2, Anm. 1.
⁶ Wohl in der sonst nicht belegten Bedeutung ‚auslegen', ‚(durch Beispiele) erläutern'.
⁷ Die Hs. ist beschädigt. Zu lesen ist *lla*, dem ein verstümmelter Buchstabe (vielleicht *a*) vorausgeht; möglicherweise fehlt noch ein weiterer Buchstabe. Darübergeschrieben ist ein Wort, das *çerra* oder *çierra* gelesen werden könnte. In der hebr. Vorlage *sĕtom* ‚schließe', ‚halte geheim'; vgl. a. fol. 35 b „çerrados e seellados".
⁸ Dn 12, 4: „tu autem Danihel clude sermones et signa librum".
⁹ Ms.: tabon. Samuel ibn Tibbon (ca. 1150–ca. 1232), der u. a. verschiedene Werke von Maimonides (darunter Dalālat al-ḥā'irin), aus dem Arabischen ins Hebräische übersetzte.
¹⁰ Ms.: dellos.
¹¹ Nm 11, 16.

Otrossi demostró en muchas dellas encubiertamientre e en pocas palavras para despertar a los sabios e a connosçer aquellas poridades encubiertamientre, ffasta que vinieron David e Salamon e acresçentaron despertamientos en aquellas poridades, en que vieron que sse apocó el mester del encubrimiento en ellas e que sse espandió la creençia de seer Dios, e que sse apocaron otrosi los omnes que entendiessen aquellos despertamientos primeros, que eran[12] çerrados e seellados. E por esso pudieron descubrir David e Salamon aquello que descubrieron de los ssecretos de la Ley. E en tal guisa fizieron los prophetas e los que fablaron por Spiritu Ssancto que vinieron despues dellos. Otrossi los ssabios del Talmud acresçentaron despertamientos muchos e onrrados.

E dixo este sabio que ellos fizieron esto, porque vieron la gente de Israel en cativo e que eran[12] pocos los sabios que entendian aquellas poridades en manera de rreçibimiento, mayormientre los que las ⟨35 c⟩ entendiessen por su entendimiento. E por esso escrivieron lo que entendieron en aquellas cosas en la manera que entendieron lo que era bien, e dixo que assi lo fiziera el grant sabio rrabi Mosse el Egipçiano, que quando vio otrossi que sse apocaron los entendedores de los despertamientos que mostraron los prophetas e los ssabios que fablaron por Spiritu Ssanto acresçentó él en ssus despertamientos esplanamiento, paladino en muchos lugares, e encubierto en otros. E esto fízolo assi, porque vio el mucho mester que era para lo descubrir. E dixo más aquel rrabi Samuel: „E yo, el pequenno omne que vin depues dél, vi que las verdades que encubrieron desde entonçe los nuestros prophetas[13] e los ssabios de la nuestra Ley, aquellas son las que son agora publicadas todas o las más dellas a los gentiles del mundo, e que ssegund de aquellas verdades esplanan ellos los secretos de la Ley e de los prophetas e de los que fablaron por Spiritu Sancto en muchos lugares. E vi las sçiençias verdaderas que son publicadas mucho en la gente de los cristianos, so cuyo poder yo estó e en cuya tierra, ⟨35 d⟩ más e más de quanto son publicadas en las tierras de los moros. E la nuestra gente de los judios es nesçia[14] en aquellas sçiençias verdaderas nesçedat cunplida, fasta que tornamos por parte de la nesçedat a sseer escarnio en ssus bocas dellos. E tan grande es el escarnio que fazen de nos, que dizen por nos que non avemos de los dichos de los profetas ssinon las cortezas. ¡E veet quanto es esto desonrra e escarnio de nos! E ahun mayor desonrra que esta tovimos en esta rrazon, que muchas de las glosas que glosaron los ssabios del Talmud a muchos de los ssecretos de la Ley e a muchos de los dichos de los que fablaron por Spiritu Santo son fallados en los libros de los sabios dellos para esplanar la Ley e las propheçias, como las tomaron de los sabios

---

[12] Ms.: erand. S. Kap. 2, Anm. 1.
[13] Ms.: prophetas wiederholt.
[14] S. Kap. 7, Anm. 80.

que eran[15] en ssus tienpos, e a los sabios judios deste nuestro tienpo non sson sabidos, nin sse entremeten nin catan en los libros en que escrivieron los sabios aquellas verdades." E dixo más: „E vy el grant mester que es para alunbrar ⟨36a⟩ los ojos de los entendudos en lo que me Dios dio graçia[16] para ssaber e entender en sus palavras dél."

Esta es la rrayz de la escusa que puso por ssí aqueste sabio rrabi Samuel en lo que descubrió de las cosas que eran[12] encubiertas ante dél. Otrossi yo, maestro Alffonso, escriví en el libro «Mostrador de Justiçia»[17] tal escusa como ésta ssobre algunas cosas que eran[12] ssecretos e poridades encubiertas en los tienpos primeros, e que fueron descubiertas en los tienpos posteriores, e non es mester de nonbrarlas aquí. E quando bien catares esta[s] razones, fallarás que la rrazon universsal en la escusa de todos aquellos que descubrieron la poridad e los ssecretos es ésta: que pusieron a aquel descubrimiento avantaja e enclinamiento al meester que era de tomar el grant provecho e toller el mucho danno que nasçió de nuevo en los entendimientos de los omnes e ssus opin[n]ones, más que el mester de tomar el poco provecho e toller el poco danno que podia seer en encubrir aquellas cosas. E por ende, quando penssa⟨36b⟩res con buen entendimiento el provecho que nasçerá agora por descubrir aquella poridat de la nesçessidat con el provecho que nasçe de ssu encobrimiento, entonçe fallarás la grant avantaja e el mucho enclinamiento que deve sseer para descubrirlo en este nuestro tienpo. E esto es que el provecho del encubrimiento es para que punne[n] los omnes e trabajen e que non sse dexen nin ssean perezosos en ssus ffaziendas nin en fazer los mandamientos e dexarsse de los peccados. Ca esto sse le sigria con ssu poco entendimiento de la opin[n]on del libre alvedrio. E que por esto solo ovo meester Dios darles Ley, e fueron ellos meresçedores para rreçebir las rretribuçiones por ella, assi como es uso de los[18] que agradesçen al que les ffizo bien por ssu voluntad e por ssu alvedrio de aquel fazedor, e non lo agradesçen al que gelo fizo ssin ssu voluntad e ssin ssu alvedrio. Otrossi, que ponen culpa e desgradesçen ⟨36c⟩ al que les ffizo mal con ssu voluntad e con ssu alvidrio del fazedor, e non ponen culpa nin lo desgradesçen al que gelo ffizo ssin ssu voluntad e ssin ssu alvedrio, porque egualan e assemejan los caminos e los penssamientos de Dios a los ssus caminos e ssus penssamientos dellos. E por ende en los tienpos primeros, que non eran las sciencias tanto espandidas en el mundo e que los omnes non sabian mucho a ssotilizar en el ssaber de Dios e ssu catar en las cosas del mundo, érales buena esta opin[n]on. E algunos de los prophetas espessavan e engrossavan el velo ante los ojos del comun dela gente, como lo que dixo el viesso en el «Deuteronomi»:

---

[15] Ms.: erant. S. Kap. 2, Anm. 1.
[16] Im Ms.: gra *mit Kürzungsstrich*.
[17] S. Einleitung.
[18] Ms.: de los] dellos.

„Quien diesse que fuesse este coraçon a ellos para temerme todos los dias."[19] E dixo otro viesso: "La vida e la muerte di ante ti, e la bendiçion, e escogerás la vida."[20] E dixo Jeremias: „De boca del Alto non sale ⟨36d⟩ bien nin mal; ¿qué sse acha[ca]rá ningun omne vivo ssobre sus peccados? Escodrinnemos nuestros caminos e pesademos e tornémosnos a Dios."[21] E esto ssegund lo que dixo el ssabio rrabi Yohanan[22], que desdel dia que dixo Dios: „vey que di ante ty oy la vida e el bien e la muerte e el mal"[23], non ssalió bien nin mal de ssu boca, ssinon que el mal sale por ssí ssobre los que fazen el mal, e el bien ssobre los que fazen el bien. E por ende ¿qué sse puede omne achacar nin querellar sinon ssobre ssus peccados?

Mas el danno que sse sigue daquella opin[n]on, que es negar el saber de Dios e su catar todas las cosas del mundo, como es provado, e dezir que non ffue Ley dada del çielo, e toller el derecho e el ordenamiento[24] en las rretribuçiones de la Ley, non alcançava tanto al comun de la gente, que non eran usados a catar e estudiar en las cosas delgadas e divinales, mayormientre quando non tenian confirmado ⟨37a⟩ que las almas ffincarán depues de la muerte, e que rreçibrán las rretribuçiones al otro mundo, mas porque puede seeer que entre el comun de los omnes oviesse alguno o algunos convinientes para descubrirles la verdaderia daqueste ssecreto. Por esso era que los prophetas e los sabios a las vezes adelgazavan el velo ante los ojos dellos e mostravan la verdad encubiertamientre e en pocas palavras, porque las entendiessen los que lo meresçen [e que sson] para ello, de ssin que ffagan con ello danno al comun de la gente. E esto es lo que dize en el libro «Habodazara»[25] que les dixo Moysen a Israel premiados de bien: „A la ora que vos dixo Dios: quien diesse que fuesse éste ssu coraçon a ellos para temerme[26], ovyerades a dezir: tú, dalo." E aun Moysen non gelo mostró a Israel encubiertamientre ssinon despues de quarenta annos. E que desto sse entiende que non deçiende el omne a la ffin del saber del ssu maestro fasta quarenta annos. Ca en lo que dixo que ⟨37b⟩ devieran dezir: „tú, dalo", dio a entender que aun el temor de Dios es en poder de Dios, e que lo da al que tien por bien. E entiende esta palavra como aprendieron de aqui que non desçende omne a la ffin del ssaber de ssu maestro fasta quarenta annos, porque non

---

[19] Dt 5, 29 „quis det talem eos habere mentem ut timeant me / et custodiant universa mandata mea in omni tempore".
[20] Dt 30, 15. S. Kap. 6, Anm. 6.
[21] Lam 3, 38–40 „ex ore Altissimi non egredientur nec mala nec bona / quid murmuravit homo vivens vir pro peccatis suis / scrutemur vias nostras et quaeramus / et revertamur ad Dominum".
[22] S. Kap. 6, Anm. 5.
[23] Dt 30, 15 „considera quod hodie proposuerim in conspectu tuo vitam et bonum / et e contrario mortem et malum".
[24] Ms.: ordenamientos.
[25] Der Talmudtraktat «ᶜAvoda Zara».
[26] S.o., Anm. 19. Ich finde nichts Entsprechendes in dem genannten Traktat. Vielleicht bezieht sich der Autor auf einen Kommentar zum Talmud.

podian Israel entender de Moysen aquella rrazon ffasta que les mostró e los usó en sçiençia quarenta annos. E entonçe gela mostró encubiertamientre, porque non gelo barruntassen ssinon los que fuessen para ello.

E assi, en lo que dixieron que preguntó Moysen a Dios „¿por quál rrazon es en el mundo justo que a bien e malo que a mal?"[27], dieron a entender en esto que seer omne bueno o malo es en poder de Dios. E como lo que dixo Ssalamon que „los justos e los sabios e ssus obras dellos son en mano de Dios."[28] E que por esso es a preguntar: pues que las las obras son nesçe[ssa]das del ssaber eterno, ¿por qué rrazon avrá bien el bueno e mal el malo? E ⟨37c⟩ como lo que dixo Salamon: „Ca ¿qué es el omne que vien despues del rrey a lo que ya fizieron?"[29] Que quier dezir que fue puesta sentençia del Rrey del Sieglo e de todas las causas que deçenden dél. E por esso dixo el viesso que „la criança del coraçon del omne es mala desde las sus infançias."[30] E dixo otro viesso: „Toda criança de penssamientos de ssu corazon non es sinon mala todo el dia."[31] E dixo otro viesso en Ysayas: „Criança assoffrida guardarás paz"[32], que llamó a los penssamientos ‚criança', porque son criados del Criador, como dixo David: „El que cria en uno coraçon dellos e que entiende todos ssus fechos."[33] E dixo otro viesso en Ysayas: „Ssé yo de Dios que non es al omne su camino dél nin al omne que anda nin que enderesça ssus passadas."[34] E assi muchos otros viessos tales que muestran que todo es en mano de Dios.

Otrossi el rey Salamon endelgazó mucho el velo delante los ojos, ffasta que a pocas le tollió del ⟨37d⟩ todo. E es lo que dixo en el libro «Eclesiastes»: „Sé que todo lo que fiziere Dios, aquello ssera siempre sobrello non es a annader nin dello a menguar, e Dios fizo que teman delante él."[35] Como que diz: Sé yo de parte de la sapiençia que las cosas que non sson en el mundo por acçidente e por aventura, ssinon segund que lo endebda la ssapiençia de Dios. Ca lo que él fiziere, aquello ssolo es lo que sserá, e nunqua sserá ninguna cosa ssinon lo que él fiziere. Ca sobre ello non es a ennader en guisa que ssea alguna cosa que non la fizo él. E dello non es a minguar, nin que fuesse fallado ningund destorvador a lo que él ffaze. E por ende por fuerça es a dezir que Dios fizo el temor de Dios, como fizo todas las otras cosas.

---

[27] Es handelt sich offenbar um eine außerbiblische Überlieferung.
[28] Ecl 9, 1 „sunt iusti atque sapientes et opera eorum in manu Dei".
[29] Ecl 2, 12 „quid est inquam homo ut sequi posset regem factorem suum".
[30] Gn 8, 21 „sensus enim et cogitatio humani cordis in malum prona sunt ab adolescentia sua".
[31] Gn 6, 5 „cuncta cogitatio cordis intenta esset ad malum omni tempore".
[32] Is 26, 3 „vetus error abiit servabis pacem".
[33] PsH 32, 15 „fingens pariter cor eorum / intellegens omnia opera eorum".
[34] Der Sinn ist nicht ganz klar, und ich finde keine genaue Entsprechung. Vielleicht bezieht sich der Autor auf Is 59, 8 „viam pacis nescierunt et non est iudicium in gressibus eorum".
[35] Ecl 3, 14 „didici quod omnia opera quae fecit Deus perseverent in perpetuum / non possumus eis quicquam addere nec auferre quae fecit Deus ut timeatur".

Ca si assi non fuesse, podria sseer en[n]adido algo sobre lo que él fizo, o menguar³⁶ dello. E sserá esto contrario de la premissa ssabida que tomó primero por verdadera en lo que dixo: „Ssé que todo lo que Dios fiziere, aquello será ssiempre ssobrello non es ⟨38a⟩ a ennader, nin dello non es a menguar." E esto es prueva çierta que la descubrió Ssalamon con ssu sapiençia, de que todo es en poder de Dios, e aun el temor de Dios. E ssegund lo que dixo otrossi en aquel mismo capitulo, que „el mundo dio en ssu coraçon dellos."³⁷ E dixo otro viesso que „al omne que plaze ante él dio ssapiençia e ssaber e gozo."³⁸ E dixo otrossi: „Tan bien amor como desamor non ssabe el omne; todo es delante ellos."³⁹ 38a

E otras palavras muchas sson en los dichos de los prophetas e de los sabios que muestran esto. E asi como escrivió rrabi Mosse el Egipçiano, que en los dichos de los prophetas sson falladas contradiçiones segun la causa quarta de las .VII. causas que nonbra en el prologo de su libro «Mostrador de los Dubdosos». E es ésta la causa por que ovo y alguna condiçion que non la descubrieron en su lugar por alguna rrazon que era mester de la encubrir. E assi en rrazon del libre alvedrio ovo ⟨38b⟩ condiçion encubierta, e es ésta la condiçion en tal que ssea asi la voluntad de Dios. E non descubrieron esta condiçion en aquellos lugares, por rrazon que non vengan los omnes a desdennar en cumplir los mandamientos, ssegund ssu poco entendimiento en egualar las costunbres de Dios a ssus costunbres menguadas dellos, que son por esperança de provecho e ymaginaçion de esperança, ssegund que dicho es. E por mester desta cosa dixieron que non ay ssentençia nin nesçessidad, e que ssi la ssentençia de nesçessidad fuesse verdat, seria el ent[r]emetimiento vanidat. Ca [a] ellos mengua a esto una condiçion verdadera, e es esta seyendo el entre[meti]miento al contrario de la ssentençia nesçessaria, ca entonçe sserá el entremetimiento vanidat. E esto como lo que dixo el viesso: „Ssi Domino non fraguare la casa, en vano trabajan los que ffraguan en ella."⁴⁰ E assi en el viesso que dize „De boca del Alto non ssalen los males nin el bien"⁴¹ es condiçion. E es esta la condiçion: que non ssalen los males nin los bienes sobre el omne de Dios solo, ssinon con medianeria ⟨38c⟩ de las obras e de⁴² las otras causas medianeras, ssegund que dixo el ssabio rrabi Yohanan que non ssalen de boca de Dios nuevamientre en cada tienpo el mal e el bien, más que ello sse viene por ssí, segund la sentençia eterna de Dios. Otrosi en el viesso que dize „Vey, que di ante ti oy la vida e el bien, e la muerte 38b

38c

---

³⁶ Vielleicht ist zu verbessern *menguado*.
³⁷ Ecl 3, 11. S. Kap. 7, Anm. 67.
³⁸ Ecl 2, 26 „homini bono in conspectu suo dedit Deus sapientiam et scientiam et laetitiam".
³⁹ Ecl 9, 1 „nescit homo utrum amore an odio dignus sit / sed omnia in futuro servantur incerta".
⁴⁰ PsH 126, 1 „Nisi dominus aedificaverit domum in vanum laboraverunt qui aedificant eam".
⁴¹ S. o., Anm. 21.
⁴² Ms.: del a.

e el mal, e escogerás en la vida"⁴³ es condiçion." E es esta la condiçion: que escoja en la vida el que la deve escoger ssegund el saber eterno de Dios. Mas el viesso que dize: „Quien diesse que ffuesse éste ssu coraçon a ellos para temerme"⁴⁴ es, ssegund lo que dixo el viesso en la propheçia de Ezechiel: „¿Si volunto⁴⁵ en morir el malo, dize Domino Dios, ssino en que sse torne de ssus caminos e que biva?"⁴⁶

E como dixieron los ssabios del Talmud, que ninguna cosa mala non desçende de Dios. E ellos dixieron esto, porque non es la entençion primera de Dios ssinon para bien. Mas los sabios mostraron en este lugar que devieran dezir: „Tú, dánoslo", 38d como lo ⟨38d⟩ nonbré de ssus dichos dellos, e con que dexavan algund velo e antipara ante los ojos de los fflacos de vista ssegund que dicho é. Mas en estos nuestros tienpos, que las ssapiençias son mucho espandudas en el mundo, e como lo contó el sabio rrabi Ssamuel ben Tibon⁴⁷, e que los más de los omnes asotilezan en catar como ssabe Dios las cosas, ffasta que muchos dellos aquexan e dan grand rroydo a los ssabios de la Ley e a los theologos en las plaças e en las calles, e ante los rreyes e los prinçipes. E quando veen que non tienen rrespuesta abondable ningunos de los ssabios de la Ley, tórnansse e escarnesçen dellos e desdennan por ende en la Ley e en las propheçias e en las rretribuçiones, e entienden entre ssí a dezir que non ay juyzio, nin juez, nin otro mundo, nin buen galardon a los justos, nin pena a los malos. E apocosse por ende el temor de Dios en ellos, e tomaron ssoltura en mentir 39a e en falssar e furtar e fornicar⁴⁸ e otros peccados, quando se les aguisa. ⟨39a⟩ E lo que dexan desto, non lo dexan por temor de Dios en ninguna guisa, ssinon por temor que los ternán los omnes por malos, e que sse alongarán dellos en su dar e en su tomar, e que les nasçrá danno daquella parte. Mas quando les acaesçiessen aquellos peccados encubiertamiente, o que ovy[e]ssen poder sobre los otros omnes, non los dexarian por ninguna guisa, porque non an temor de Dios, teniendo ellos que non tien mientes en ellos nin que en⟨tie⟩nde sus faziendas e que, ahun si tien mientes en ellos, non les deve dar pena nin galardon con derecho. E esto es grant mal e grand peligro e danno fuerte, peor que todos los otros males del mundo, fasta que por estos males fuerte[s] seria guisado de encubrir las verdades e mostrar el contrario dellas, como lo fizieron en los tienpos primeros, como dicho es. Pues quanto más e más es guisado de publicar la verdat para enderesçar con ella e toller aquellos males e fuertes dannos, que non pueden seer peores, e porque este danno alcança a los omnes 39b de cada una de aquellas dos opinno⟨39b⟩nes. Ca assi como les nasçe soltura e

---

⁴³ S. o., Anm. 23.
⁴⁴ Dt 5, 29 „quis det talem eos habere mentem ut timeant me".
⁴⁵ Ein Beleg für *voluntar* bei Corominas, *DECH* 5, 839b9.
⁴⁶ Ez 18, 23 „numquid voluntatis meae est mors impii dicit Dominus Deus / et non ut convertatur a viis suis et vivat".
⁴⁷ Ms.: tabon. S. o., Anm. 9.
⁴⁸ Ms.: *e otro* fornicar.

desden*n*amie*n*to en los mandamie*n*tos, q*u*ando negare*n* el catamie*n*to de Dios e el su ssaber ete*r*no, en q*ue* dizen q*ue*, pues q*ue* Dios no*n* cata en los om*n*es ni*n* entiende ssus ob*r*as dellos, ss*í*guesse a dez*i*r q*ue* non es la Ley dada de Dios, ni*n* q*ue* ay rret*r*ibuçio*n*es de galardon ni*n* de pena en este mundo ni*n* en el otro. E por ende, el q*u*i más puede cofondrá a su vezino, quando no*n* ovyere temor de Dios. Assi les nasçe ssoltura e desden*n*amie*n*to en los mandamie*n*tos q*u*ando creyeren el catar de Dios e el ss*u* saber ete*r*no. Ca dizen a esto dos cosas: la una, q*ue* dizen: „¿quál mester e quál⁴⁹ provecho ovo en dar Ley e mandamientos, p*u*es q*ue* el om*n*e no*n* puede en*n*ader ni*n* menguar ninguna cosa de lo q*ue* ffue sentençiado sobrél del saber ete*r*no de Dios?" La ssegunda cosa q*ue* dizen: „¿con quál derecho darán pena al malo o pecharán bue*n* galardon al justo, p*u*es q*ue* cada uno dellos fue forçado para faze*r* todo lo q*ue* fizo?" Por ende es g*u*isado ⟨39 c⟩ de dar grand aventaja a la verdad connosçida, segund q*ue* es provado. La q*u*al verdad da melezina e libramiento de todos los males e los dan*n*os, lo q*ue* confirma el catar de Dios e el ss*u* saber ete*r*no e no*n* mudable; e q*ue* es la Ley dada de Dios, e q*ue* pone temor de Dios en los coraço*n*es de los om*n*es, e q*ue* da fiuza de las rret*r*ibuçiones para este mundo e p*ar*al otro; e q*ue* muestra el mester e el provecho q*ue* ovo en seer dada Ley e mandamie*n*tos de Dios, para mostrar camino paral provecho e el bien, como es huso de las causas mediane*r*as, que ayudan e aprovechan para seer el causado e q*ue* muestra[n] el derecho de las rret*r*ibuçio*n*es q*ue* siguen a las ob*r*as, como ssigue el causado a su causa o a parte⁵⁰ de ssu causa, çercana o alongada, como dixiemos; e q*ue* no*n* son las rret*r*ibuçiones de parte de Dios por esperança de p*r*ovecho ni*n* ssemejança de esperança, como lo son las rret*r*ibuçiones de los om*n*es los unos a los otros, ssino*n* come se endebda de ssu sapiençia de Dios, q*ue* es la v*er*dat ⟨39 d⟩ pura, non ssemejança de v*er*dat; e q*ue* firma el meester de trabajar los om*n*es en aprender e en mostrar, e en las obras de los pensamie*n*tos, q*ue* sson para entençio*n* de bie*n*, ssegund de lo q*ue* es en poder del om*n*e; e q*ue* non lazre om*n*e mucho ni*n* tome enbargo más de derecho en lo q*ue* viere q*ue* es muy luen*n*e de lo alcançar. E con q*ue* los om*n*es en estos n*u*estros tie*n*pos son muy çercanos e aparejados para descubrirles las verdades, ssen*n*aladamie*n*tre en esta rrazon más q*ue* lo ffueron en los tie*n*pos passados, por las causas q*ue* dixemos. E en esto es dicho el adobo de aq*u*ella contradiçio*n* nonbrada en la fin, de quanto más pude abreviar las palavras con esplanar toda la rrazon a los entendimie*n*tos.

---

⁴⁹ Ms.: quel.
⁵⁰ Ms.: p*ar*tida.

El capitulo dezeno es en rrecontar la ssuma destas cosas de la predestinaçion abreviadamientre.

E ésta es la ssuma destas rrazones para quien las quisiere saber e amenbrarsse dellas abreviadamientre: Que Dios ssabe todas las cosas con el su ssaber eterno ⟨40a⟩ ante que ssean e quando sson e despues que son en una manera, ssin mudamiento e sin amuchiguamiento dél. E que fue dada la Ley e mandamientos de parte de Dios para seer causas medianeras para mantener a los omnes que ovyeren buena ventura para ello, segund el ssu ssaber eterno de Dios, de parte que an entendimiento e que rreçiben dotrinas, e para guardarlos de los peligros e alinnarles el provecho e la[1] vida eterna ssegund de lo que puede seer en el linage de los omnes en general e en cada uno de ssus individuos en particular. E que el poder de los omnes es dado en ssu mano dellos para ffazer las obras de ssu voluntad e de su alvedrio, de sin que ssientan ningund forçador que los fuerçe para lo fazer. E que las rretribuçiones ssiguen a las obras como ssigue el causado a ssu causa, o apartado[2] de ssu causa, en manera descubierta o encubierta. E que el torçimieno del juizio paresçido es a las vezes por mezclamiento de las causas e sobrepujamiento de las unas ssobre las otras e segund el ⟨40b⟩ movimiento de la espera, asi como que la corrupçion vien desto a los individuos del mundo, e con que la entençion primera de Dios en ella non es ssinon para la generaçion.

E esta es rrazon universsal por que es en el mundo justo que a bien e justo que a mal, e malo que a bien e malo que a mal. E esto es lo que es dicho predestinaçion entre los sabios cristianos, e que fue encubierto esto de los más de los omnes por la natura en que son naturados para mester de su vida e de su mantenimiento en seer sus rretribuçiones de los unos a los otros por esperança[3] de ssu provecho solamiente en manera de mercaderia. Ca por esso non pecha bien nin mal a quien gelo adelantó de ssin ssu saber del adelantador, ca sse les camió el bien e el mal dellos por verdat e mentira, e por derecho e tuerto. E llaman justiçia e verdat al su bien dellos, e llaman falssedat e tuerto al su mal dellos. E que ssus caminos e ssus usos menguados, los quales an de mester por ssus faziendas, asse⟨40c⟩méjanlos a los caminos de Dios, los quales non sson semejança de verdat, mas que son verdat pura. E que fue mester de seer descubierta esta rrazon a algunos sabios pilares del mundo para justificar los juyzios de Dios e sanar las dolençias de ssus coraçones en esta rrazon e aquedar la varaja e el rroydo de los que sse dan por ssabios e que lidian contra Dios e contra su Ley en esta rrazon. E que non ssea desonrrado el nonbre de Dios en publico antellos, ssinon que algunos dellos lo encubrian del comun de la gente por la natura

---

[1] Ms.: la] ala.
[2] Ms.: apartada.
[3] Ms.: esperanca.

que nombré, de que los pueblos son naturados en ella. Mas en estos nuestros tienpos, que sson muchos los que sse dan por sabios e que disputan en esta rrazon e que, con que leen los muchos libros que sson ya conpuestos en ello, e que non fallan en ellos rrazones abondables, e que dan aquexamientos e grant rroydo por ello a los sabios de la Ley en las calles e en las plaças, e ante los rreys e los prínçipes, e apócasse por ello el temor de Dios en ellos mucho más de lo que ante era. ⟨40 d⟩ E otrosi, que muchos de los que sse dan por sabios en cada tienpo, ennaden mal sobre mal e conponen libros ssegund ssus opinnones corruptas en esta rrazon e segun lo aprenden de las sobrefazes de aquellos otros libros. E esto assi como aquel libro que conpuso Ysac el ssobredicho, e como el libro que conpuso rrabi Calonimos[4], el qual libro nombró «Ministrador de Moysen», en lo que cuydó entender de los dichos de rrabi Mosse el Egipçiano e otros muchos libros, que los dexo de nonbrar por ssus nonbres por guardar la onrra de los que los conpusieron.

Por esto fue el mester grande, mucho más de quanto era ante deste tienpo, para descubrir paladinamientre aquella rrazon que los primeros descubrieron asumadamientre[5], e para cunplir lo que menguaron en ella. E por esto me metí en trabajo de escrivir lo que escriví en esta rrazon, e con que me assofrí sobre la bondat de los ssabios justos que lo vieren, que ellos lo encobrirán quanto más pudieren del comun de la gente, que non husaron catar la luz del sol e que toman plazer ⟨41a⟩ de tener velo delgado o gordo ante los ojos. E abonda esto para el que non quisiere engannar ssu alma de parte de zelo e de malquerençia e de loçania, mas que quiere acresçentar sapiençia e melezina para ssu alma.

Dios por la ssu piadat nos alinne a la carrera derecha e nos llegue a la gloria e a la vida eterna. Amen.

Ffinito libro sit et gloria Christo. Amen.

---

[4] Wahrscheinlich Kalonymos ben Kalonymos ben Me'ir, geb. Arles 1287, gest. nach 1328.
[5] Die Bedeutung ist wohl ‚undeutlich', zu *asomar* ‚empezar a mostrarse'.

Bibelzitate

Gn	1,31	20a	Iob	22,13–14	4b
	2,17	11d		25,4–6	12c
	6,5	37c		27,17	21c
	8,21	37c		33,15	5b
	15,13	24c		33,23	5b
	22,12	17a		34,21–22	4a
Ex	1,9–10	25b		35,5–8	12b
	3,19	24c		35,6–7	14b
	4,21	24c		35,8	12a
	10,1–2	25c		37,7	15c
	33,19	14d	PsH	7,15	8a
Nm	22,34	24a		32,13–15	4a
Dt	2,30	25b		32,15	37c
	5,1	31a		72,11–12	4b
	5,27	13d		91,15–16	2b
	5,29	36c, 38c		93,7	4b
	6,2	14d		126,1	38b
	11,21	14d	Prv	9,12	12c
	13,4	17a		14,24	32b
	22,8	5d, 23b		16,1	15a
	29,29	13d, 14d		20,12	15a
	30,15	11d, 36c, 36d		21,2	15a
	31,16	24d		26,5	32a
	31,21	25a		27,14	29c
	31,27	25a		28,11	31d
	31,29	25a	Ecl	2,12	10d, 21a, 37c
	32,4	14d		2,13	11a
II Reg	17,9	2a		2,21	21c
I Par	28,9	4a		2,26	21c, 38a
Iob	15,4	4b		3,11	21a, 38a
	15,14–16	12c		3,14	37d
	22,2–3	12b		5,2	29b

Ecl	5,5	24a	Ecl	9,12	21d
	5,7	13a		10,8	34b
	5,11	21d		12,13–14	13d
	5,12	21c	Is	6,7	15a7.3
	5,18	21a		26,3	37c
	6,2	21c		29,13	30a
	7,13	11b		29,15	4b
	7,14	21a		48,17	12b
	7,15	20d		57,16	31a
	7,20	11b	Ier	16,17	4a
	8,9	21d		23,24	4a
	8,12	22c		33,25	16b
	8,12–13	12d	Lam	3,38	11d
	8,14	13a, 6.22		3,38–40	36c
	8,17	20d	Ez	18,23	38c
	9,1	22d, 37b, 38a	Dn	12,4	34d
	9,1–2	20b	Agg	2,9	32c
	9,9	20d	Mt	5,45	14a

Namen[1]

Abraham bar Ḥiyya	Abrahan bar Hia 11 d.
Abraham ibn Ezra	Abra(h)am ben (H)ezra) 15 c, 22 d, 28 a.
Abū Marwān ibn Zuhr	Ben Zohar 5 b.
Abū 'l-Qāsim	Abo Alcazi 5 b.
Akiva ben Josef	rrabi Haquiba 19 c, 20 a, 20 b.
Al-Fārābī	el Pharavio 5 a.
Alfonso	maestro Alffonso 36 a ‖ *Libro de la Poridad de la Retribucion (Sod-ha-Gĕmul)* 1 d, 3 c, 3 d, 5 b, 10 c, 14 a, 15 c, 19 c, 26 d, 30 b ‖ *Mostrador de Justicia (More Ẓedek)* 33 b, 36 a ‖ *Torre de Fortaleza (Migdal Oz)* 1 d, 3 d.
Al-Ghazzāli	el Algazel 4 c, 15 d.
Aristoteles	4 d, 5 a, 5 d, 5 d, 9 c, 10 a, 10 b, 10 c, 15 b, 18 b, 18 c, 22 a, 22 b; „el Philosofo" 29 a ‖ *Libro del alma (Peri psychēs)* 9 d ‖ *Libro del sseso e enssesado (Peri aisthēseōs kai aisthētōn)* 5 a, 10 b ‖ *Logica* 9 c ‖ *Metafis(s)ica* 4 d, 9 c.
Averroes (Ibn Rušd)	Abu Balit ben Rrost 4 d; (A)ben Rrost 5 a, 10 a ‖ *Libro del Saber Eterno (Faṣl al-maqāl)* 4 d.
Avicenna (Ibn Sīnā)	el Abiçen(n)a 4 c, 6 d; el Abiçebna 15 d; el Abicepna 23 a ‖ *Metaffisica* 6 d ‖ *Philosofia Oriental* 23 a.
ʿAvoda Zara	s. *Talmud.*
Avot s. *Talmud*	
Bahya ben Paḳuda	Bayahe ben Bacoda 22 a; Behye ben Bacoda 23 c; Bahye ben Bacoda 26 b, 27 a; Behaye ben Bacoda 28 a.
Eleazar ben Pĕdat	Alazir ben Pedat 30 c.
Eliša ben Abuja	Eliseo el Herege 20 a.
Galenos	Galieno 5 b.

[1] Mit Ausnahme der biblischen Namen (Salomo, *Eclesiastes*, etc.). Bei geläufigeren hebräischen Namen habe ich eine vereinfachte Transkription gewählt. Herrn Kollegen J. Maier, Köln, danke ich für wertvolle Hinweise.

Hillel	11b, 32c.
Hippokrates	Ypocras 5b.
Ḥunain ibn Isḥāq	Juaniçio 5b.
Isaac ben Polgar	1a und passim ‖ *Libro de la Contradiçion del Hereje* 2c, 3c ‖ *Libro de la Esperança* 33a ‖ *Libro de negar e desmentir la astrologia* 1c; *Libro de Desmentimiento de la Astrologia* 3c.
Joḥanan bar Nappaḥa	rabbi Yohanan 11d, 36d, 38c.
Jonatan ben Uziel	Jonat(h)an ben Huziel 34b, 34c.
Kalila wa-Dimna	*Libro de Calila e Digna* 28a.
Ḳidduši̇n	s. *Talmud*.
Kalonymos ben Kalonymos	rrabi Calonimos 40d.
Mĕgilla	s. *Talmud*.
Midraš T(ĕhi)llim	el libro *Midras Tilim* 11c.
Moses ben Naḥman	rrabi Mosse bar Nahaman 12c.
Moses Maimonides	rrabi Mosse (el Egipçiano), als Verfasser des *Mostrador de los Dubdosos (Dalālat al-ḥā'irīn, More Nĕvuchim)* 1b, 4d, 5c, 5d, 10a, 12a, 15c, 16c, 16d, 17b, 17c, 10a, 10c, 18b, 18c, 18d, 23b, 24c, 25a, 25b, 26a, 26b, 27a, 27c, 27d, 33b, 33d, 34d, 35a, 35c, 38a, 40d (*Mostrador de los Desacordados* 26b) ‖ Talmudkommentar 5d, 6a.
Samuel ibn Tibbon	rrabi Samuel (ben Tibon) 35a, 35c, 36a, 38d.
Talmud	2a, 10d, 11b, 14b, 16a, 16d, 19b, 22d, 23b, 24a, 24b, 25d, 29d, 35b, 35d, 38c ‖ ʿ*Avoda Zara (Haboda Zara)* 37a ‖ *Avot (Aboch)* 5d ‖ *Ḳiddušin (Quidussin)* 32c ‖ *Mĕgilla* 34b.
Themistios	Temistius 33c.

Glossar[1]

*abondable	26a, 38d ‖ *DEM*[2]: 2. Hälfte 14. Jh.
*aborrencia	20c, 23a ‖ *DEM*: 1251.
*aborresciencia	20c ‖ *DEM*: 2. Hälfte 13. Jh.
absoluto	6a ‖ ca. 1460.
*acallantar	26a ‖ *DEM*: ca. 1400.
ac(c)idental	3a, 5d, 6d, 7a, 15d ‖ Ende 14.–Mitte 15. Jh.
acostamiento	13b ‖ ohne Datum; s. Anm.
acuerdo	24a ‖ s. Anm.
*adelantador *Subst.*	40b ‖ ohne Datum.
agente *Adj.*	10a ‖ ca. 1560.
*amojar	27d ‖ s. Anm.
*amuchiguamiento	35a.
*anombrar	23a, 28a.
aparejamiento	15a, 16c ‖ ohne Datum.
*aprendimiento	16c.
aquesso	20d ‖ s. Anm.
aquexamiento	40c ‖ ohne Datum.
arrimadero	23b ‖ 1604.
*asotilezar	38d.
*astimar	20b ‖ belegt sind *asmar* und *estimar*.
*astragacion	33c.
*asumadamientre	40d ‖ s. Anm.
*avantajador *Subst.*	27d.
circunferencia	4b ‖ ca. 1440.
*concubrio	26b ‖ s. Anm.

[1] Registriert werden nur Wörter oder Bedeutungen, die bei J. Corominas, *Diccionario crítico etimológoco castellano e hispánico,* Madrid, 1980 ss., nicht (diese Fälle sind durch * gekennzeichnet) oder erst mit einer späteren Datierung angeführt werden. Die bisherige Erstdatierung wird vermerkt. Bei häufiger vorkommenden Wörtern werden nur die ersten fünf Belege angegeben.

[2] Bodo Müller, *Diccionario del español medieval,* Heidelberg, 1887 ss.

conjuntivo	31b ‖ ohne Datum.
consecuencia	7b ‖ ca. 1490.
consideracion	4b ‖ Anf. 15. Jh.
considerar	4b ‖ Ende 14. Jh.
*contradezidor	23a.
contradiccion	3c, 5c ‖ 1348.
conturbar	22d ‖ 1515.
corrumpible	22b ‖ 1493/94.
*crecentar	27b.
daca	25b ‖ 1490.
*decolgamiento	32d.
*decolgar	19a, 22c, 22d, 23a, 32a ‖ s. Anm.
demasia	20a ‖ 1505.
*derechedumbre	5b.
*desacordança	8d.
*desacuerdo	24a ‖ s. Anm.
*desgradescer	36b.
*despertamiento	35b, 35c ‖ ohne Datum.
destorvador *Subst.*	37d.
dubitaçon	8c ‖ ohne Datum
enclinador *Subst.*	7d, 8b, 8c, 9b, 23a ‖ ohne Datum.
*enclinamiento	36a, b.
*endebdador *Adj.*	16c, 18a.
*endebdamiento	16c.
*endebdar	3a, 4c, 5d, 6b, 6d ‖ s. Anm.
*enderesçamiento	10b.
*enforçamiento	3b.
*enforçar	3b.
engraciar	14d ‖ ohne Datum.
*engraviar	25c.
enpresentar	20d ‖ ohne Datum.
ensencial	s. esencial.
*ensessado	5a ‖ s. Anm.
*entomecedor *Adj.*	27a, 27d.
entretenimiento	16c ‖ 1570.
entrepieço	3c, 23b ‖ s. Anm.
*enxemplar *Verb*	34d ‖ s. Anm.

*escogencia	20 c.
escogimiento	8 b ‖ 1493/95.
esencia	16 b ‖ 1. Hälfte 15. Jh.
esencial	16 d (ensencial), 19 d ‖ ca. 1580.
*esmentimiento	2 d ‖ s. Anm.
espermentar	17 a ‖ ca. 1440.
*esplanamiento	35 c.
*estruir	3 b ‖ s. Anm.
filosofico	6 a, 6 b ‖ ca. 1516.
forçador *Subst.*	7 a, 7 d, 7 c, 8 b, 23 a.
geomancia	32 d ‖ 1505.
*imaginador *Adj.*	9 d, 19 b.
imposible	6 a, 7 b ‖ 1438.
individuo	4 d, 6 d, 18 d, 40 b ‖ ca. 1440.
influencia	18 c ‖ 1438.
intelegible	9 c ‖ 1433.
inteligencia	16 a ‖ 1433.
libramiento	39 c ‖ 1493/95.
*manifestancia	26 d.
medianeria	5 a, 18 c, 20 d, 22 b ‖ 1505.
medianero	10 b, 11 b, 16 b.
*mismidad	6 c.
mundanal	11 b ‖ 1399.
*naturar	40 b, 40 c.
*nescessado	4 c, 16 c, 18 a, 19 c.
*nescessador *Adj.*	15 d, 16 c, 18 a.
particular	5 a, 5 b ‖ 1433.
particularidad	4 d ‖ ca. 1490.
passivo	10 a, 22 b ‖ ca. 1440.
*pazigoso	4 b ‖ s. Anm.
*pesadar	36 d.
*piadar	14 d.
pluralidat	35 a ‖ 1541.

possibilidat	3a, 6a, 6b, 7a ‖ ca. 1440.
possible	3a, 3b, 6a, 6b ‖ 1493/95.
predestinacion	1c, 13c, 14b, 40b ‖ 1438.
predicado	7c, 7d, 8a, 9c ‖ ohne Datum.
premissa	7c, 7d, 8a, 8d, 16c ‖ ohne Datum.
primitivo	31b ‖ ca. 1440.
pujamiento	7b ‖ 16. Jh.
quedar *Subst.*	22d ‖ s. Anm.
*rebellador *Subst.*	25a.
recibidor	3a ‖ ohne Datum.
*refriador *Adj.*	27a.
relaç(i)on	9d, 19b ‖ 1. Hälfte 15. Jh.
*removedor *Subst./Adj.*	8b, 8c, 9b, 9d, 19b.
*retornayramiento	27b ‖ s. Anm.
retribucion	1d, 3c, 13c ‖ ca. 1440.
revellar	21d ‖ 1436; s. Anm.
reverdecer	2b ‖ 1493/95.
sentenciar	15d ‖ 1438.
separar	22a ‖ 1515.
silogismo	2d, 7c, 8a ‖ 1433.
*soberviamiento	13a.
sobrefaz	27c, 27d ‖ ohne Datum.
sobrepujamiento	7b, 7c, 20a, 35a ‖ Ende 14. Jh.
soltura	39b ‖ ohne Datum.
*soluto	13a, 13b, 15d, 24d, 30a ‖ s. Anm.
*sontraer	33d ‖ s. Anm.
*subjecion	29b.
subjecto	6c (ssubjeyto), 7b (ssujecto), 9c ‖ 1505.
*sustancialidat	6b, 16c.
torcimiento	13b, 14a ‖ 1593/95.
*tornayrar	3d ‖ s. Anm.
*tornayro	8d ‖ s. Anm.
*trastornadizo	22d ‖ s. Anm.
universal	1d, 5a, 10b, 36a ‖ 1438.

*vandeamiento	10a ‖ s. Anm.
*vencedero	26c.
*venga	29c, 29d ‖ s. Anm.
*verdaderia	17c, 26b, 27a, 37a.
vivificar	11b ‖ ca. 1440.
*voluntable	6a, 8b, 9b, 15d.
voluntar	38c ‖ s. Anm.

⟨1v.⟩ «Libro de la Ley¹ que ovo a sser olvidada
de los peccadores de Isrrael».

Dixo Maestro Alffonso²: Depues de que mostramos en el «Libro de las Malliçiones de los Judios»³ muchas maliçias que tienen los judios contra⁴ los cristianos escriptas en sus libros que ellos compusieron de ssí e que los tienen por libros autenticos entre ssí, las quales maliçias fazen todas e continuan en ellas con conssentimiento de algunos cristianos que gelo no entienden e de algunos que gelo no quieren entender, queremos agora mostrar en este libro muchos bienes de la nuestra Ley cristiana, los quales bienes los judios tienen escriptos en los libros de la Ley de Moysen y de los profetas santos y segund dichos de los sus grandes sabios del su Talmud, autenticos entrellos, y de los mayores de los filo[so]fos, los quales bienes no fazen nin creen los judios ninguno dellos; e que fue echada de parte de Dios sentençia de malliçion sobre ellos que nunca los crean el comun dellos, ni que los fagan. Puede que quiçab será este libro razon e causa de parte de Dios a algunos sabios y entendidos e buenos que podrán ser de los judios, para entender y connoçer con sus voluntades los bienes de la nuestra cristiandat que no connoçen, e dexa[r]sse de fazer las maliçias que agora fazen contra ella, e no creer a aquellos sus sabios que gelas mandan fazer, nin fiar dellos. E será esto serviçio e onrra de Dios e de la cristiandat e quebrantamiento delos maliçiosos que son contra ella.

Porende dezimos que leemos en el libro que a nonbre «Sabat»⁵ entre los judios, que los grandes sabios de la Grant Escuela, quando entraron a la vinna en la villa Jabne⁶, y esto fue depues de la cautividad de Titus⁷, que es la cautividat en que agora

---

¹ Die ersten Wörter sind nur mühsam zu entziffern. I. Loeb liest „[Sabio de] la ley" und glaubt das Werk mit der Alfonso offenbar fälschlich zugeschriebenen «Concordia de las Leyes« identifizieren zu können (s. o., S. 9, Anm. 9). Ob die Schrift, wie andere Werke des Autors, zuerst in hebräischer Sprache abgefaßt wurde, bleibt zweifelhaft.
² Ms.: Alffonso que depues. – Mit ähnlichen Wendungen, die auf Übersetzer oder Kopisten hindeuten, beginnen auch andere Werke Alfonsos. «Mostrador de Justicia»: „Dixo el Maestro"; «Ofrenda de Zelos»: „E dixo el Maestro"; Übersetzung von «Tĕšuvot la-Mĕḥaref»: „Dixo Alfonsso".
³ Das Werk ist nicht erhalten. – malliçion ‚maldición' kommt im Text häufig vor, ist aber sonst im Spanischen nicht belegt.
⁴ Ms.: quontra.
⁵ Traktat des Talmud.
⁶ Die berühmteste Gelehrtenschule in Palästina, die in Jawne, zunächst in einem Weinberg, errichtet wurde.
⁷ Nach der Zerstörung des Tempels im Jahre 70 n. Chr.

son los judios, dixieron que la Ley avia a sser olvidada de Isrrael, porque dize el viesso en la profeçia de Amos: „He dias vinientes, dirá Domino Dios, que imbiaré[8] fambre en la tierra, non fambre de pan nin sed de agua, sino de oyr palavras de Dios; e moverse-an de mar a mar, e de Aquilon fasta Oriente, e espandersse-an para buscar la palavra de Dios, e non la fallarán."[9] ‚La palavra de Dios' es dicha en este viesso por la Ley. E assi, depues desto, quando fuxieron los judios a Babilonna por miedo del Emperador Adriano[10], dixo el grand sabio Rab[11] que la Ley avia a sser olvidada de Issrrael, porque dize el viesso [de] Deuteronomii: „Fará Dios maravillas espantables de tus feridas e de feridas de tu semiente, feridas grandes e firmes e ciertas."[12] E las ‚maravillas espantables' son dichas por olvidança e perdimiento de la Ley, porque segund esta lengua dize en la profeçia de Isayas: „He yo ennado esmaravillar a este pueblo esmaravillamiento espantable, que sse perderá la sapiençia de sus sabios, y el entendimiento de sus entendidos se encubrirá."[13] E ⟨2r.⟩ esto dicho es por perdimiento e olvidamiento de la Ley que avia a sser dellos.

Fasta aqui es la palavra en su Talmud. E agora devemos tener mientes en ella, que a los judios, que sse llaman Isrrael en esta cautividad [en] que agora son, fue dicha esta olvidança de la Ley. E por ende es a catar como lo provaron de la Ley de Moysen e de la profeçia de Amos. Puede que despues desto, ante que fuessen en esta cautividat de Titus, en que agora son, fue olvidada de Ley dellos e que fue conplida la se[n]tençia[14] sobrellos. Ca assi dize en el libro que a nonbre «Çuca»[15] entrellos, que dixo el sabio Rax Laquis[16] que p[ri]m[er]o fue olvidada la Ley de Isrrael, e subió Ezra[17] de Babilonna e confirmola; e tornó depues, y fue olvidada; subió Hilel el Babilonico[18] e confirmola; tornó depues, e fue olvidada; subieron rabi Hia[19] con sus fijos e confirmáronla. E por ende es a catar[20] como pudieron provar aquellos sabios de las profeçias de Moysen e de Amos que aun agora deve ser olvidada la Ley,

---

[8] Ähnliche Formen (imbió, implé) kommen mehrfach im Text vor (z. B. 9v, 10v).
[9] Am 8, 11–12 „ecce dies veniunt dicit Dominus / et mittam famem in terram / non famem panis neque sitim aquae / sed audiendi verbum Domini / et commovebuntur a mari usque ad mare / et ab aquilone usque ad orientem / circumibunt quaerentes verbum Domini et non invenient".
[10] Nach dem Aufstand des Bar Kochba in den Jahren 132–135.
[11] Abba Aricha genannt Rav (‚Lehrer').
[12] Dt 28, 59 „augebit Dominus plagas tuas et plagas seminis tui / plagas magnas et perseverantes / infirmitates pessimas et perpetuas".
[13] Is 29, 14 „ideo ecce ego addam ut admirationem faciam populo huic miraculo grandi et stupendo / peribit enim sapientia a sapientibus eius et intellectus prudentiam eius abscondetur".
[14] Der Kopist schreibt fast ausnahmslos setēçia, setēçiar.
[15] Der Talmudtraktat «Sukka».
[16] Simon ben Laḳiš, auch Reš Laḳiš genannt.
[17] Esra der Schriftgelehrte.
[18] Hillel I, ‚der Alte'.
[19] Ḥiyya bar Abba I.
[20] Ms.: a catar] accatar.

pues q*ue* ya fua olvidada ante desto dos otras vezes. Ca Rab era su sob*r*ino de rabi Hia, como se prueva en el libro «Çeder Cabala»[21] E assi es a catar[22] donde sopiero*n* aq*u*ellos sabios q*ue* fue olvidada la Ley ante de Ezra *e* ante de Hilel *e* ante de rabi Hia, e q*u*al Ley fue olvidada *e* reme*n*brada depues, *e* q*ue* av*i*a a sser olvidada.

Ca cierto es q*ue* no*n* dixieron ‚Ley' en este logar por q*u*alq*u*ier cosa q*ue* fuesse, sino*n* por cosas[23] *e* rayses grandes de la Ley, las q*u*ales llama*n* los viessos assi: olvidamie*n*to, maravillas espantables, *e* feridas grandes, *e* fambre *e* set, *e* q*ue* sse movrán de mar a mar *e* de un cabo del mundo a otro por la buscar, *e* q*ue* no la[24] fallarán[25]; ni*n* la[26] fallaro*n* nu*n*ca, nin la[27] an a fallar jamás. Ca assi es a tener much[o] mientes, porq*ue* no*n* lo provaro*n* aq*ue*llos sabios de un viesso más paladino, q*ue* dixo Azarias el p*r*ofeta al rey Açça[28], segund cue*n*ta en el libro «Paralipominu*n*», „dias much[o]s serán a Issrrael de sin Dios de v*er*dat *e* sin sacerdote mostrador *e* sin Ley"[29], *e* porq*ue* no*n* lo p*r*ovaro*n* del profeta Ysayas mismo en lo q*ue* dixo: „perderse-a la sapie*n*çia de sus sabios, y el entendimie*n*to de sus entendidos se encub*r*irá"[30], se no*n* q*ue* la repuesta desto postrem*er*o es conosçida por los viessos mismos. Porq*ue* dize en aq*u*ella p*r*ofeçia de Azarias: „Tornarse-a[n], q*u*ando oviere[n] angustia, a D*omi*no Dios de Isrrael e buscarlo-an, *e* serles-a fallado."[31] Ca pareçe desto q*ue* él profetizava sobre aq*u*ellos generançios[32] q*ue* la olvidaro*n* *e* q*ue* gela co*n*firmaro*n* depues, como dize ‚buscarlo-an, *e* serles a fallado'. E assi en aq*u*ella p*r*ofeçia de Isayas pareçe q*ue* profetiçava sobre los generançios *e* q*ue* la olvidaron *e* q*ue* la co*n*firmaron depues, porq*ue* dize en ella, segund esto, q*ue* „a poco trecho tornarsse-a el Libano por Carmel, y el Carmel por selva será contado, *e* oirán en aq*u*el dia los sordos palavras de libro, y en tiniebra y en foscura ojos de çiegos verán"[33],

---

[21] Çeder (Seder) ist wahrscheinlich ein Versehen für Çefer (Sefer); Çeder Cabala auch in der span. Fassung von «Těšuvot la-Měḥaref» (68 a). Es dürfte sich um das Werk «Sefer ha-Kabbala» von Abraham ibn Daud Halevi handeln.

[22] Ms.: a catar] accatar.

[23] Ms.: cosa e cosa. *Das letzte Wort ist nicht eindeutig zu lesen.*

[24] Ms.: la] lo.

[25] S. o., Anm. 9.

[26] Ms.: la] lo.

[27] Ms.: la] lo.

[28] Asa.

[29] II Par 15, 3 „transibunt autem multi dies in Israhel absque Deo vero et absque sacerdote doctore et absque lege".

[30] S. o., Anm. 13.

[31] II Par 15, 4 „cumque reversi fuerint in angustia sua ad Dominum Deum Israhel et quaesierint eum repperient".

[32] *generancio* in der Bedeutung von *generación* ist judenspan. 1553 belegt. Vgl. a. *generacio,* f. 3v, 8r.

[33] Is 29, 17–18: „nonne adhuc in modico et in brevi / convertetur Libanus in Chermel et Chermel in saltum reputabitur / et audient in die illa surdi verba libri / et de tenebris et caligine oculi caecorum videbunt".

2v. *et cetera*. Mas aquellos sabios fablavan de la olvidança de la Ley, ⟨2v.⟩ la qual nunca av[r]ian aver en remenbrança della sinon si fuessen algunos pocos, non el comun dellos, e segund que dize en essa misma profeçia de Amos: „Caerán, e non se levantarán más"[34].

E assi, en las malliçiones de [De]uteronomii[35] dize: „Vernán sobre ti todas estas malliçiones, e segudarte-an e alcançarte-an fasta que seas estroydo, ca non oyste la boç de Domino tu Dios para guardar sus mandamientos e sus fueros que te mandé, e serán en ti y en tu semiente por sennal e por signo fuerte para siempre jamas."[36] Ca por esso, segund el endereçamiento que les endereçó Ezra, tienen escripto todo vierbo de las bendiçion[e]s en este logar menguado de una sillaba de segund devia ser, e todo vierbo de las malliçiones con ennadimiento de otra sillaba. E assi en el vierbo que dize „echolos a otra tierra"[37] tienen una letra Lamet más grande que devia ser, por sennal que avia a sser grande el su echamiento dellos, e tiene[n] menguada dende una letra Yod, que es más pequenna de todas, por sennal [que] los que fincassen de ser echados serian poccos. E por esso dixo el grand sabio rabi Haquiva[38] que los diez tribus nunqua an a tornar de la cautividad, e que non avrán parte en el otro mundo venidero. Y aun por los que fincaron dellos dixieron en el libro «Çanhedrim»[39] que non se salvarán dellos más de dos de seyçientas vezes mill. E assi lo prové en el libro «Mostrador de Justiçia»[40] que aquellas malliçiones segundas fueron dichas sobresta cautividat de Titus, la qual nunqua an a ssalir della. Non como las primeras maldiçiones en que dize: „E con todo esto, quando fueren en tierra de sus enemigos non los aborreçré nin los desecharé para estragarles para que sse quebrantasse mi postura con ellos."[41] Ca aquellas malliçiones fueron dichas sobre la cautividat de Nabucodonosor[42], segund que lo prové en aquel libro, mas de que[43] la Ley fue olvidada ante de Ezra e que depues fue conffirmada por él. E esto

---

[34] Am 8, 14 „et cadent et non resurgent ultra".
[35] Ms.: utero nomj. Diese seltsame Schreibung kommt, neben der korrekten, auch in der «Ofrenda de Zelos», wiederholt vor.
[36] Dt 28, 45-46 et venient super te omnes maledictiones istae / et persequentes adprehendent te donec intereas / quia non audisti vocem Domini Dei tui / nec servasti mandata eius et caerimonias quas praecepit tibi / et erunt in te signa atque prodigia et in semine tuo usque in sempiternum".
[37] Dt 29, 28 „proiecitque in terram alienam".
[38] Rabbi Akiva ben Josef.
[39] Der Talmudtraktat «Sanhedrin».
[40] S. o., S. 9.
[41] Lv 26, 44 „et tamen etiam cum essent in terra hostii non penitus abici eos / neque sic despexi ut consumerentur / et irritum facerem pactum meum cum eis".
[42] Die Babylonische Gefangenschaft.
[43] Hier scheint etwas ausgefallen zu sein.

fue sabido por el viesso que dize en el Libro de Ezra: „Leyeron en el libro de la Ley de Dios esplanadament e poner⁴⁴ entendimiento, e entendieron en los viessos."⁴⁵

E sobresto dize en el libro «Meguilla»⁴⁶ que dixo Rab, que por esso dize que ‚leyeron en [el libro de] la Ley de Dios' porque lo leýan en la lengua ebrayca, y que dize ‚esplanadamente', porque gelo glosavan en lengua caldea⁴⁷, en que usavan fablar, e que dize ‚poner entendimiento' por los destajos⁴⁸ que ponian entre los viessos para entender las razones adonde⁴⁹ van, y que dize ‚entendieron en los viessos' por otros destajos de rasccos e de puntos, que ponen en cada viesso para non errar en arrimar los vierbos unos a otros, o departir unos de⁵⁰ otros, como non deven. E esto como los destajos que puso entre los tres nombres que dizen en⁵¹ el Salterio „Dios, Dios, Dios fabló e llamó la tierra"⁵², que segund el ebrayco es dicho en tres maneras departidas: El, Elohim, Adonay⁵³. E cuydan algunos que todos tres muestran sobre una cosa sola en Dios, como dizen los omnes Baçilles⁵⁴, Cesar, Agu⟨3 r.⟩stos, que sson dichos tres nonbres por un rey. E otros dixieron que sson como dezir ‚Dios de Dios Domino', que arrimaron el un nonbre de Dios al otro; e assi traslaudaron⁵⁵ en latin ‚Deus Deorum Dominus'. Mas Ezra puso sennales de departimientos en ellos e que los lean en suenos⁵⁶ departidos, porque sse connosca que sson departidos unos de otros e que muestran sobre tres maneras departidas en Dios. E púdolo fazer Ezra esto en quanto él era profeta y que falló a Moysen que puso departimiento entrellos en el viesso que dize: „Fabló Elohim a Moysen e dixol: yo sso Adonay⁵⁷ e apareçí e a Abraam e a Jaccob e a Ysaac, en otro nonbre El abondable."⁵⁸ E assi en otro viesso que dize: „Apareçiosse Adonay⁵⁹ a

3 r.

---

⁴⁴ Die mangelhafte Syntax erklärt sich durch den engen Anschluß an das hebräische Original.
⁴⁵ II Esr 8, 8 „et legerunt in libro legis Dei distincte et adposite ad intellegendum / et intellexerunt cum legeretur".
⁴⁶ Der Talmudtraktat «Mĕgilla».
⁴⁷ Aramäisch.
⁴⁸ Die Trennungsakzente.
⁴⁹ Ms.: adonde] donde adonde.
⁵⁰ Ms.: de *wiederholt*.
⁵¹ Ms.: dizē E en el.
⁵² PsH 49, 1: „Fortis Deus Dominus locutus est et vocavit terram".
⁵³ Von späterer Hand darüber geschrieben: *yehabe*.
⁵⁴ Griech. βασιλεύς.
⁵⁵ Diese merkwürdige Form scheint kein bloßes Versehen zu sein, da sie im Text wiederholt vorkommt.
⁵⁶ Ms.: suennos. Die Form *sueno* statt *son* ist im Mittelalter vereinzelt belegt.
⁵⁷ S. o., Anm. 53.
⁵⁸ Ex 6, 2–3 „locutusque est Dominus ad Mosen dicens / ego Dominus qui apparui Abraham Isaac et Iacob in Deo omnipotente.
⁵⁹ S. o., Anm. 53.

Abraa*m* e díxole: Yo sso El abondable⁶⁰. E echosse Abraa*m* sobre su faz, e fabló co*n* él Elohi*m*."⁶¹

E por ello dize en el libro q*ue* es glosa del Salt*er*io, el q*ue* no*n*bran «Midrastillim»⁶², q*ue* por q*ué* no*n*bra el viesso en *e*l Salt*er*io el no*n*bre de Dios tres vegadas dep*ar*tidas, por mostrar q*ue* co*n* estos tres no*n*bres c*ri*o Dios su mundo en derech*o* de tres ma*n*eras co*n* q*ue* fue c*ri*ado el mu*n*do, q*ue* sson: sapie*n*çia y entender y saber. E assi los traslaudó⁶³ Ssant Jeronimo por tres no*n*bres: Fortis Deus, Do*min*us omnipotens, Deus Deoru*m*. E assi en los diez ma*n*damie*n*tos de la Ley dize q*ue* „yo so Adonay⁶⁴ que sso tu Elohi*m*, el celoso."⁶⁵ E dizen q*ue* por esso dixero*n* fijos de Gat *e* fijos de Rruben, segund cuenta en el Libro de Josue, „El, Elohim, Adonay, aq*ue*l se sabe."⁶⁶ Que por esso no*n*braro*n* el no*n*bre de Dios⁶⁷ trinado⁶⁸ dos vegadas, porq*ue* fue no*n*brado assi dos vegadas: la una, en la c*ri*açion del mundo, en *e*l Salt*er*io, *e* la otra, en los diez mandamie*n*tos de la Ley, e como q*ue* yuraro*n* por los tres nombres co*n* q*ue* Dios c*ri*o el mundo *e* co*n* q*ue* dio la Ley. E assi dixero*n* q*ue* no da Dios sapie*n*çia sino al q*ui* es en *e*l sapie*n*çia, e q*ue* por esso dixo el viesso: „En coraço*n* de todo sabio dará sapie*n*çia."⁶⁹ E en esto mostraro*n* q*ue* es alguna sapie*n*çia q*ue* no*n* es dada de ni*n*gun dador *e* q*ue* es en el ombre sabio; e no es esto sino Dios solo, donde es entendido el entender. E segund lo q*ue* dixo el sabio Plato*n* q*ue* el aprendimie*n*to q*ue* el om*n*e aprende no es sino arremembrarsse. E assi dixiero*n* q*ue* el saber, [que] es dich*o* ,daat'⁷⁰ en el ebrayco, no es sino S*pi*r*it*u S*an*cto, e q*ue* por esso dixo el viesso: „Ca El de saberes es Adonay⁷¹". *E* dixiero*n*⁷²: „Grant cosa es el saber ,dahat', porq*ue* está entre dos no*n*bres de Dios."

E assi dize*n* los c*ris*tianos q*ue* la p*er*ssona del S*pi*r*it*u Santo está entre las otras dos p*er*ssonas: la p*er*ssona del Padre, q*ue* no es fecha ni*n* c*ri*ada ni*n* engendrada de ni*n*guna cosa, e la p*er*ssona del Fijo, q*ue* es del Padre solo, no*n* fecho ni*n* c*ri*ado, sino*n* engendrado. E esto es q*ue* segund q*ue* las especias naçe*n* del genus, assi es dich*o* q*ue* el obrador de las especias naçe del obrador del genus en ma*n*era enpres-

---

⁶⁰ Gn 17, 1: „apparuit ei Dominus dixitque ad eum / ego Deus omnipotens".
⁶¹ Gn 17, 3: „cecidit Abram pronus in faciem dixitque ei Deus".
⁶² «Midraš T(ĕh)illim»; Auslegungsmidrasch zu den Psalmen.
⁶³ S. o., Anm. 55.
⁶⁴ S. o., Anm. 53.
⁶⁵ Ex 20, 5: „ego sum Dominus Deus tuus fortis zelotes".
⁶⁶ Ios 22, 22 „fortisimus Deus Dominus fortissimus Deus Dominus ipse novit".
⁶⁷ Ms.: de dios *wiederholt*.
⁶⁸ Das Wort, mit der Bedeutung ,dreifach', ist sonst nicht belegt.
⁶⁹ Prv 14, 33 „in corde prudentis requiescit sapientia".
⁷⁰ Hebr. daᶜat.
⁷¹ Darüber, von späterer Hand: *yehabe*. – Vielleicht Prv 2, 6 „quia Dominus dat sapientiam".
⁷² Wahrscheinlich in kabbalistischen Texten.

tada, ⟨3 v.⟩ ca por esso el entender, que es segundo el ebrayco ‚tebuna'[73], de manera   3 v.
de figedat[74]; e dizen ‚entender' uno de al, porque naçe della. E dixieron que la
perssona del Spiritu Sancto es del Padre e del Fijo non fecho nin criado nin engendrado, sino ‚proçedens'[75]; e esto es lo que muestra el nonbre Elohim. Ca assi como
la relaçion muestra sobre ssí e sobre amos los relativos en que sse tien en uno, assi
el nombre Elohim muestra sobre las tres perssonas en uno, assi como muestra
sobre tres alcalles[76], como es dicho en el libro «Çanhedrim»[77].

E assi el nonbre ‚saber' muestra, segund el ebrayo, sobre la sabiduria y sobre
alguno qui la sabe e sobre alguna cosa que es sabida. E esta es la su grandeza quel dixeron, porque es entre los dos nonbres, porque muestra sobre todos tres en uno.
E por ende aquellos tres nonbres muestran tres cosas: la una que muestra la unidat
pura de Dios, y esto con el nombre Adonay, que quiere dezir que da el seer, y en
el latin es Dominus[78], porque él solo da el seer [a] las cosas, de ssin que muestre este
nonbre ni la Trinidat ni el envestimiento[79]. E assi dixieron que este nombre Yehabe
fue dicho para encobrir; quieren dezir para encobrir con él la Trinidat y el envestimiento que sse entendia de los otros nonbres Helohim y El. La qual cosa era
abrimiento de bocca a los servidores de ydolos en sus tienppos, non como lo cuydan los erradores judios que fue escripto aquel nonbre para encubrirle e nunqua
dezirle. Ca non dirie el viesso „éste es mi nonbre para siempre, y ésta es mi
remenbrança para generaçio y generaçio"[80] por la cosa que nunqua fuesse llamado
con él nin nonbrado en ningun[a] generaçio del mundo. E ¿como seria mem-
brado y remenbrado siempre y en todas las generaçiones, y él nunqua ser[ia] nonbrado nin[81] remembrado en ningun tienppo nin en ningunas generaçiones? Mas
dixol aquel nombre para que ssea Dios llamado con él e nonbrado siempre y en
todas las generaçiones, por guardar con él a los omnes de errar con los otros nonbres en creer ydolos e muchedumbre de dioses, como lo erravan ante de aquello. Ca

---

[73] *tĕvūnāh* ‚Vernunft', verwandt mit dem synonymen *bīnāh*. Die oberste Triade der zehn Weltpoten-
zen (Sĕfirot) der Kabbala kommt u. a. in der Reihung *ḥochmāh* ‚Weisheit', *bīnāh* ‚Vernunft' und
daʿat ‚Erkenntnis' vor, wobei letztere als eine Synthese der beiden ersteren angesehen wird. Der
Autor stellt eine Verbindung zu den Personen der Dreifaltigkeit her, und er hält *tĕvūnāh* für
etymologisch verwandt mit *ben* ‚Sohn.'
[74] Die Bedeutung des sonst nicht belegten Wortes ist offenbar ‚Sohnschaft'. Vgl. Anm. 73
[75] Ms.: proçedēns. – Cf. „Patre Filioque procedit".
[76] *alcalles:* alcaldes.
[77] Ms.: Canhedrin. – S. Anm. 39.
[78] Das Kürzel könnte auch zu *Deus* aufgelöst werden, doch ist *Dominus* die Übersetzung von *Adonay*.
Das Wort wird offenbar in einen etymologischen Zusammenhang mit *do* ‚ich gebe' gebracht. Vgl.
a. Anm. 73.
[79] In der Bedeutung ‚das Annehmen von Menschengestalt, die Menschwerdung'.
[80] Ex 3, 15 „hoc nomen mihi est in aeternum / et hoc memoriale meum in generationem et genera-
tione". – Man könnte auch *genera[n]çio* lesen; vgl. Anm. 32.
[81] Ms.: *e nin*.

por miedo desso le ovieron mester de nonbrar en tienppo de Enos⁸², el nieto de Adam, omne primero, e lo ovieron mester de nonbrar los patriarccas en⁸³ algunos tienppos por escusar de errar a los omnes que lo erravan entonçe, como quier que no lo dixo Dios a ellos en vision de profeçia, como lo dixo a Moysen "yo so Yehabe"⁸⁴, e que dixo a ellos: "yo sso El abondable"⁸⁵. Ca por esso dizen el viesso "e con mi nonbre Yehabe⁸⁶ non fu sabido a ellos"⁸⁷, sino que al tienppo del Cristo les encubriran la unidat ya quanto en alguna manera quando nonbrassen la Trinidat paladinamient depues de que fuesse confirmado en ellos creer la unidat en los dos mill annos de la Ley.⁸⁸

E esto fue del endereçamiento⁸⁹ de Ezra en lo que punta⁹⁰ el nonbre Yahabe a las vezes con las puntaduras⁹⁰ del nonbre Adonay, e a las vezes con las puntaduras del nonbre Elohim. E depues con el endereçamiento de Hilel el Babilonico⁹¹ e de Jonatan⁹², su diçipulo mayor, e de Onquelos el Converso⁹³, quando conpusieron el nonbre de las tres letras semejantes ⟨4r.⟩ unas a otras, que es nombrada cada una dellas Yot, la una ante que la otra, e la terçera sobre amas, como que es⁹⁴ entrellas, por mostrar los tres nonbres que sson en derecho de la[s] tres maneras dichas de Dios. Ca entonçe, con que la nonbraran la Trinidat que cumple la salvaçion del Cristo, nonbraran otrossi la unidat con ella, assi como lo fazen agora los cristianos. Y esto que tardan la unidat depues de la Trinidat es algun encubrimiento della en este mundo, que es al tienppo de la venida primera del Cristo. Mas al otro mundo, que será al tienppo postremero del Cristo, el qual tienppo non avrá en él bienfazer ni malfazer, sino juyzio sobre los fechos passados, quando quedarán todas las generaçiones e las corrupçiones e que no avrán mester los omnes de esperar las retribuçiones a otro tienppo, para estonçe será nonbrada la unidat sola. E segund que dize en el libro «Peçahim»⁹⁵ sobre el viesso que dize "en aquel dia será Domino

---

⁸² Gn 4, 26: „sed et Seth natus est filius quem vocavit Enos / iste coepit invocare nomen Domini".
⁸³ Ms.. en] en el.
⁸⁴ Ex 20, 2 „ego sum Dominus".
⁸⁵ S. Anm. 60.
⁸⁶ Ms.: yehaba. Im Text schwankt die Schreibung zwischen *yehabe* und *yahabe*.
⁸⁷ Ex 6, 3 „et nomen meum Adonai (*im hebr. Text:* Jahweh) non indicavi eis".
⁸⁸ Die Satzkonstruktion ist unklar.
⁸⁹ Ms.: *Verbessert aus* entendimiēto.
⁹⁰ *puntar, puntadura:* Die Punktation (Vokalisation).
⁹¹ S. o., Anm. 18.
⁹² Jonatan ben Uziel.
⁹³ Ms.: de Onquelos] diq̄los. – Der angebliche Verfasser des «Targum Onkĕlos», oft verwechselt mit dem Bibelübersetzer Aquila.
⁹⁴ Nicht zu entziffern. Auf ein hochgestelltes, offenbar von Schreiber selbst nachträglich eingefügtes q̄ folgen zwei oder drei Buchstaben. – Die Stelle bezieht sich auf die Abbreviatur des Namens Jahweh mit drei Jod.
⁹⁵ Der Talmudtraktat «Pĕsaḥim».

uno, e su nonbre uno"[96], e como agora no es Dios uno e su nonbre uno. Dixo Rab Nahaman[97]: „No será en el otro mundo como es agora en éste, ca en en este mundo es escripto Yahabe, que muestra la unidad, y es nonbrado Adonay, que muestra muchedumbre; mas al otro mundo non será nonbrado en guisa que muestre muchedumbre, mas sera escripto en guisa que muestre la unidat; y en essa misma manera le nonbrarán todo en una guisa."

E la segunda cosa de que muestran aquellos tres nonbres es la Trinidat, y esto con el nonbre Elohim, segund que dicho es. E la terçera cosa es el envestimiento de la divinidat en la humanidat, y esto con el otro nonbre El, que muestra, segunt la lengua ebrayca, que es virtut. Ca por esso le arrimaron a otro vierbo, assi como el viesso que dize „llamo alli en el nombre Y[ah]abe El del sieglo"[98], como sse dize en otro viesso „juro en la vida del sieglo"[99], sino que no es como otras virtudes, que no an sostenimiento sino en los sujeptos[100]. Mas esto es el contrario, que los sujeptos non an sostenimiento sinon en él, porque él es sepparado y estable en ssí. Como lo dixieron los filosofos Platon e Galieno[101], que Dios es la virtut que cria el cuerpo, e que non es el cuerpo condiçion paral su ser, e que si lo fuesse, nol criaria. Esto es el su sepparamiento que muestra el vierbo ‚saday'[102], que quiere dezir que es abondable en ssí de ssin aver mester para su sostenimiento a otra ninguna cosa sino a ssí mismo, ca este nonbre El Saday fue mostrado a los patriarcas por mostrar la su unidat de Dios con el envestimiento, por saccar los malos entendimientos de los que creýan ydolos e muchedunbre de dioses, sino que quiça podria ser entendido desto fincar las almas depues de la muerte en general e non en particular, como lo entendió rabi Mose el Egipçiano[103] e los otros yerradores ereges con él, que siguieron a él en lo que dixo que lo que finca del alma de Rruben depues de la muerte es uno en numero con lo que finca del[104] alma de Simon[105]. Mas esto es eregia segund la Ley, porque sinon con creer la Trinidat y el envestimiento depues de creer la unidat en Dios, non puede ser confirmadol el fincar las almas particulares depues ⟨4v.⟩ de la muerte, ni la resurecçion de los muertos, nin aver pena nin galardon a las almas.

4v.

---

[96] Za 14, 9 „in die illa erit Dominus unus / et erit nomen eius unum".
[97] Naḥman bar Jakob.
[98] Gn 21, 33 „et invocavit ibi nomen Domini Dei aeterni".
[99] Dn 12, 7 „et iurasset per viventem in aeternum".
[100] Diese Schreibung kommt wiederholt vor.
[101] Galenos.
[102] šaddaj.
[103] Moses Maimonides.
[104] Ms.: del] de la.
[105] Auf die gleiche Stelle im «Führer der Verirrten» bezieht sich der Autor in «Ofrenda de Zelos», Kap. 7.

E por ende no fueron nonbradas las retribuçiones poral mundo de las almas en la Ley de Moysen fasta la venida del *Cristo,* el qual estonçe avia a sser el conplimiento de la Ley, sino que fue olvidada dellos, e aun de los sus sabios, fasta que ssubió Ezra e gelo confirmó con los rasccos e los puntos, como dicho es. E por esso dixo el sabio Aba Ssaul[106] que el que usar a loar el nonbre de Dios segund sus letras, no avrá parte al otro mundo. E esto porque niega las perssonas de la Trinidat e el envestimiento, como lo fazian los çaduçeos, que negavan el galardon del otro mundo. E por esto devemos creer, lo que los cristianos tienen reçebido, que este sabio Aba Saul fue Sant Pablo[107], el que dixo que creer omne la Trinidat en Dios y el su envestimiento en la humanidat lo adurá a la vida del mundo venidero.[108] E esto es la glosa del nonbre de Dios, el qual por ello es dicho entrellos[109] Semamefforas[110], que quiere dezir ‚el nonbre de Dios glosado', porque muestra que es uno solo sepparado con las perssonas de la Trinidat e el envestimiento, el qual por él dixo rabi Yossua ben Levi[111] que por esso oran los judios a Dios en este mundo e non sson rrespondidos, porque non le saben orar con el Semamefforas, como dixo el viesso: „Enforteçerl-e, porque sopo[112] mi nonbre; llamome[113], e responderl-e."[114] E dixo más rabi Y⟨o⟩sua b⟨en⟩ Levi que el qui respondier „amen, ssea su nonbre el grande bendicho" con toda su fuerça, romperle-an la se[n]tençia de su juyzio de setenta annos de mal a bien. E dixo rabi Yohanan[115] que aunque a en ello semejança de ydolatria, perdonárgelo-an. E dixo rabi Simon ben Laquis: „Abrirle-an las puertas del Paradis." Ca no convien aponer a los grandes sabios palavras de sin razon, mayormente en las cosas divinales grandes e maravillosas, nin devemos cuydar que por galardon de que responda omne aquella oraçion en grand boz espantable avrá todos aquellos bienes que dixieron. E aunque sson fallados mentira en ellos de tantos tienppos fasta aora, e demas que dixieron en el libro «Baraccod»[116] que el que faz sonar su boç en su oraçion es de pocca cre[e]nçia y el que alza su boz en su oraçion es de los profetas falssos, e segund de lo que escarneçia

---

[106] Wahrscheinlich der Tannaite Abba Saul ben Batnit (1. Jh.).
[107] Ich finde nichts über eine solche Tradition.
[108] Der Autor bezieht sich vielleicht auf I Tim 1, 15–16.
[109] Vielleicht ist zu verbessern: *entre los judios.*
[110] Šem ha-měforaš, das unausgesprochene Tetragramm J H W H.
[111] Jošua ben Levi.
[112] Ms.: porque sopo] q̄n sopier. Vielleicht ist auch zu verbessern: *que* (=*porque*) *sopiera.*
[113] Ms.: Llamome] llamar me a. – Der Abschnitt zwischen *Enforteçerl-e* und *responder „amen"* ist über der Zeile und auf dem Rand nachgetragen worden.
[114] PsH 90, 14–15: „exaltabo eum quoniam cognovit nomen meum / invocabit me et exaudiam eum".
[115] Joḥanan bar Nappaḥa.
[116] Der Talmudtraktat «Běrachot».

Elias de los profetas falssos de los ydolos en lo que les dizia: „Llámalle en boz grande, ca Dios es; ca en fabla está, o en algun pleyto, o quiça duerme e espertará."[117]

Mas lo que es conviniente a dezir es que aquel vierbo que dixieron ,con toda su fuerça', quisieron dezir ,con toda su virtut del nonbre', quisieron[118] dezir todo lo que es entendido en virtud de aquel nonbre, demas de lo que es entendido en acto dél. Porque la unidat es entendida en acto dél, mas la Trinidat, que era entendida del nonbre Elohim, nin el envestimiento, que era[119] entendido del nonbre El, non son entendidos pala⟨5r.⟩dinament del otro nombre Yehabe, mas sson entendidos dél en virtut, porque él fue escogido para negar con él la Trinidat y el envestimiento, en que erravan entonçe los ydolatras, e que agora, depues de la venida del Cristo e creer la unidat de Dios, será con ellos la salvaçion, segund que dicho es. Ca el que los entendiere e los publicare, aquel saldrá de la cautividat que fue se[n]tençiada sobrél para toda su vida, que es ssetenta annos al comun de los omnes, segund dixo el viesso „los dias de nuestros annos, en ellos setenta annos"[120], en logar de la cautividat que fue se[n]tençiada sobrél para toda su vida mientra que non sopiere aquellas cosas que sson entendidas en virtut del nonbre de Dios. E non fueron nonbrados setenta annos en aquellos viessos donde lo provó rabi Yossua, sino que los nonbró rabi Yossua de ssu entendimiento por esta entençion, y esto semeja a lo al que dixo rabi Yossua mismo, que con saber el Semameforas saldrán de la cautividat, y non de otra guisa. Ca por esto es dicho Semameforas, porque esplanan en él lo que no es esplanado paladinament en él, sinon en potençia y en virtut. Rabi Yohanan esplanó qual es aquella sabiduria de virtut en lo que dixo que, aunque aya en ello semejança de ydolos, perdonárgelo-an. Como que diz que en la[121] virtut de aquel nonbre es alguna cosa como semejança de ydolatria al que no lo entiende como deve que aquello es la Trinidat y el envestimiento, lo que el nombre Yahabe fue para lo encubrir; e perdonárgelo[-an] en el tienppo del Cristo, porque será depues de creer la hunidat en los dos mill annos de la Ley.

E esto semeja a lo al que dixo rabi Yohanan mismo, que algun peccado es en los judios que non connocen ellos que es peccado, e que por esso non fizieron penitençia dél, e que aquello los retovo ser en esta cautividat en que sson. E esto que no conoçieron qual es aquel peccado, fue de la olvidança que fue se[n]te[n]çiada sobrellos en que no conoçieron la Trinidat y el envestimiento. E porque este

---

[117] III Rg 18, 27: „clamate voce maiore / deus enim est et forsitan loquitur / aut in diversorio est aut in itinere / aut certe dormit ut excitetur".
[118] Ms.: qerā (nicht ganz eindeutig lesbar); über dem q wurde das Kürzel für ue durch das Kürzel für ui ersetzt (oder umgekehrt).
[119] Ms.: que era wiederholt.
[120] PsH 89, 10 „dies annorum nostrorum in ipsis septuaginta anni".
[121] Ms.: la] lo.

saber endebda salvaçion de las almas paral otro mundo venidero, dixo rabi Simon ben Laquis quel abrirán las puertas del Paradis, como lo dixieron tal los otros sabios. E conviene a dezir que para mostrar esto encubiertamente ordenaron los sabios judios antigos tomar los tres linajes de la palma ajuntados en uno, e que cada uno dellos toman en semejança de Dios, la palma y el mirto y el salze en la mano diestra, e fazen con ellos semejança del signo de la cruç, como la solian fazer en el tenplo por ensalçar a Dios en todas las quatro partes del mundo, e toman la çidria en la mano siniestra, por mostrar la unidat de Dios e que no da la salvaçion tanto como la da la Trinidat. E non toman[122] los tres linajes de la palma de ssin la cidria, ni la cidria de sin los tres linajes de la palma, por mostrar[123] que no es a creer la unidat de ssin la Trinidat, nin la Trinidat de ssin la unidat, ca con esto será la salvaçion conpli(5v.)[da] a las almas. E assi dize en ssu oracion con ellos: „yo y él salva agora."[124] E como dizen los sabios de la Cabala que ‚yo' e ‚él' e ‚tú' ençierran toda la divinidat. E ya alongué fablar en esto en el libro ‹Mostrador de Justiçia›[125].

5v.

E ésta es la fe de los cristianos en las tres perssonas de Dios, no como lo cuydó Rabenu Çahadias[126] e los otros judios yerradores, que sson tenidos por sabios entrellos, en que cuydan que los christianos creemos que Dios es tres cuerppos e que la perssona del Fijo de Dios naçió quando naçió Jhesu Nazareno, no que era ante esto. No lo quiera Dios, ca los cristianos dan testimonio en el Simbolo de «Quicumque vult»[127] que todas las tres perssonas son infinidas; no es mayor la una que la otra, ni ante la una que la otra: „eternus Pater, eternus Filius, eternus Spiritus Sanctus." E dizen todavia: „Gloria Patri et Filio et Spirituy Sancto, sicut erat [in] prinçipio et nunc et semper et in secula seculorum. Amen." E escrivió Sant Agustin que la divinidat, que es substançialidat del Cristo, en todo logar es. E cierto es que non podrian ser tres perssonas cuerpos en todo logar. E escrivió más Sant Agustin que sennal de las tres perssonas de Dios es connoçida en cada uno de los criados, y esto en quanto es una cosa e en quanto es en alguna speçia y en quanto a algun ordenamiento. Quiere dezir que en quanto es la cosa en alguna espeçia universsal semeja a la perssona del Padre, y en quanto es uno individuo en numero que naçe de la espeçia universsal semeja a la perssona del Fijo, e por parte del ordenamiento en ser ante de otro [o] despues dél o sobrél o sso él, e assi las otras relaçiones que sson de uno a otro, semeja a la perssona del Spiritu Sancto, que es como relaçion

---

[122] Ms.: tomo.
[123] Ms.: por mostrar *wiederholt*.
[124] Der Passus bezieht sich auf das Laubhüttenfest und den Feststrauß.
[125] Im fünften und sechsten Kapitel.
[126] Saʿadia ben Josef.
[127] Das «Symbolum Athanasianum».

del Padre *e* del Fijo, donde fue el t*ie*npo *e* el movimie*n*to p*ar*a q*ue* no sean las cosas todas en uno *e* meçcladas, como lo son en la mat*er*ia p*r*im*er*a. E quiçabe q*ue* p*ar*a depues del dia del juyyzio *e* dep*ar*te[128] las ret*r*ibuçiones p*ar*a otro tienppo dixo rabi Mosse el Egipçiano el aünamie*n*to de todas las almas depues de la muerte *e* lo q*ue* los otros judios yerraro*n* en dezir q*ue* tiene*n* los *cr*ist*i*anos q*ue* quando naçió Jh*e*su *Chr*isto, q*ue* entonçe naçió la p*er*ssona del Fijo de Dios, fue porq*ue* no entendiero*n* la man*er*a del arrimamie*n*to. *E* como lo esc*r*ivió el savio Aviçena q*ue* quando se tolló el cuerpo sobre q*ue* esclareçió el sol, tolliosse la su luz de ssin q*ue* sse tolló la luz; e assi q*u*ando esclareçiere sobrél, renovarse-a la su luz de ssin q*ue* sse renueve la luz.

E ya esc*r*ivi co*n* esto en el «Libro de la disputaci*on* publica»[129] y en otros libros lo q*ue* abonda p*ar*a los entendidos en rrazo*n* de las p*er*ssonas de la T*r*inidat en Dios bendicho. Mas de lo q*ue*[130] dixiemos q*ue* donde sopiero*n* aq*ue*llos sabios de Yapne[131], y el sabio Rab de Babilo*n*na[132] co*n* ellos, q*ue* au*n* avia a sser olvidada de los judios la Ley en el t*ie*nppo desta cautividat de Tit*us*, en q*ue* agora son, de ssin la olvidança q*ue* oviero*n* della en los t*ie*nppos passados. E esto sopiero*n* de lo q*ue* prové q*ue* entendieron en aq*ue*llas malliçiones de [De]uteronomii[133] *e* de la profeçia de Hamoç[134], q*ue* avian a sser confirmadas en los peccadores de Isrrael p*ar*a siemp*re* jamas. E sopiéronlo otrossi de lo q*ue* les conteçió en essos tienppos al comu*n* del pueblo, q*ue* fue olvidada dellos, maguera q*ue* avia*n* entrellos algunos sabios q*ue* lo sabia*n*. Ca entendiero*n* ellos q*ue* no avria*n* aq*ue*lla olvidança, ⟨6r.⟩aviendo entrellos om*n*es sabios q*ue* lo sabian, sino por la se[n]tençia de aq*ue*- llas malliçiones q*ue* fueron se[n]tençiadas sobrellos en aq*ue*llos vies[s]os dichos, e q*ue* los entendimientos de los muchos e sus oppiniones vençeran adelante a los entendimientos *e* las oppiniones de los pocos, qual se sigue de la natura del mundo. Assi como agora no*n* pueden sofrir en s*u*s coraçones creer la T*r*inidat y el envesti- mie[n]to co*n* creer la unidat de Dios, maguera q*ue* sean entrellos algunos poccos q*ue* lo saben *e* lo entiende*n*, mas q*ue* a mester q*ue* gelo tenga*n* en grant poridat del comu*n* dellos.

6r.

E agora devemos pescudar por aq*ue*llos accaeçimientos q*ue* les accaeçiero*n* en aq*ue*llos tienppos, donde oviero*n* a entender aq*ue*llos sabios lo q*ue* les devia conteçer adelante al comu*n* dellos en olvidar la Ley. E esto es como lo q*ue* es

---

[128] Ms.: desp*ar*te.
[129] Über ein Werk mit diesem Titel ist sonst nichts bekannt. Vielleicht ist der «Mostrador de Justicia» gemeint.
[130] Ms.: Mas de lo i q̄. – In dem Satz scheint etwas ausgefallen zu sein.
[131] S. o., Anm. 6.
[132] S. o., Anm. 11.
[133] S. o., Anm. 35.

escripto en el libro «Meg[u]illa»›¹³⁵, que ochenta discipulos avia Hilel el Viejo¹³⁶. Los treynta dellos eran convinientes¹³⁷ que posasse sobrellos el Spiritu Sancto, como posó sobre Moysen; e los otros treynta eran convinientes que sse parasse el sol por ellos en medio del çielo, como se paró por Josue¹³⁸; los veynte eran comunales¹³⁹. El mayor de todos ellos era Jonatan ben Huziel¹⁴⁰, y el menor de todos ellos era Raban Yohanan ben Zaccay¹⁴¹, et cetera. E dixieron más que la glosa de las profeçias que tienen en la lengua caldea, Jonatan ben Huziel la dixo de bocca de los dos sabios grandes Samaya y Abtalion¹⁴², que lo tomaron de los profetas Aggai¹⁴³ e Zaccaria e Malachin. E estremeçiosse toda la tierra de Israel quatroçientas leguas en luengo e otras tantas en ancho, e salió boz del çielo diziendo: „¿Quién es éste qui descubrió mis poridades a los omnes?" Levantosse Jonatan ben Huziel sobre sus pies e dixo: „Yo sso qui descubrí tus poridades. Bien sabes tú que no lo fiz por mi onrra nin por onrra de mi linaje, mas por la tu onrra lo fiz, que no sean muchas contradiçiones en Isrrael." Quiso glosar en la lengua caldea¹⁴⁴ los otros libros de la Biblia que nonbran «Quetubin»¹⁴⁵; salió boz del çielo diziendo: „abóndate¹⁴⁶, porque es en ellos el tienpo de la venida del Cristo."¹⁴⁷

Fasta aqui es la palavra. E çierto es que no conviene a ningun omne entendido entender que esto fue assi como pareçe de su estoria llana, que sse estremeçiesse toda la tierra por lo que escriviesse algun omne en ssu casa lo que sse pagasse, e que saliesse boç del çielo por ende, diziendo palavras ordenadas, tales y tales, como las diria otro omne su co[n]panno, sino que los sabios tomavan las maneras de los profetas en dezir palavras metaforicas e yperboliccas sobre todo lo que querian que fues poridat encubierta del comun del pueblo, y que lo entendiessen los omnes entendidos solament, los que saben connoçer y departir entre la verdat a la mentira, y entre lo possibile a lo impossibile. E assi aquel estremeçimiento fue removimiento y escandalizamiento en los coraçones del comun de los omnes de toda la tierra de Içrael,

---

¹³⁴ Amos.
¹³⁵ S. o., Anm. 46. Die Quelle ist «Mĕgilla» 3a. Die Information über die Schüler Hillels findet sich jedoch in «Sukka» 28a.
¹³⁶ S. o., Anm. 18.
¹³⁷ ‚waren würdig'.
¹³⁸ Ios 10, 12–13.
¹³⁹ ‚hielten sich in der Mitte'.
¹⁴⁰ S. o., Anm. 92.
¹⁴¹ Joḥanan ben Zakkaj.
¹⁴² Das Gesetzeslehrerpaar Šĕmaᶜya und Avtalyon.
¹⁴³ Ms.: e ioa (oder iea).
¹⁴⁴ Ms.: callea: ‚aramäisch'.
¹⁴⁵ «Kĕtuvim» (‚Schriften'), der dritte Teil der Bibel.
¹⁴⁶ ‚es ist genug für dich'. Im Ms.: ascondate; das s wurde dann in b geändert.
¹⁴⁷ In «Ofrenda de Zelos» heißt es (f. 34c): „Assaz as fecho, e non ffagas más en aquello, porque es en ello el tienpo …".

la que tenia, segund dizen, quatroçientas leguas en luengo e otras tantas en ancho, por lo que descubrió Jonatan en aquella glosa algunas opiniones y entendimientos estrannos e alongados mucho de los suyos dellos. E los sabios verdaderos no pudien dezir que eran opiniones mintrosas, sino que eran verdaderas, convinientes para ser encubiertas de aquellos pueblos en aquel ⟨6 v.⟩ tienppo. E esta era boç del cielo, porque las verdades vienen del cielo e an uso[148] de ser aprendidas de bocas de los maestros que lo tienen della. E fiziéronle saber las verdades de los sabios a Jonatan que no esplanasse los otros libros que nonbran «Quetubim», ca abonda la glosa que es en ellos, quiere dezir en el Libro de Daniel, que es dellos en lo que dize del descobrimiento del tiempo de la venida del Cristo, que dize que avia a sser cerca de la fin de las ssetenta semanas[149], el qual termino era passado entonçe.

6 v.

E fuérales a los omnes desse tienppo de Jonatan mayor escandalizamiento si los sabios les fiziessen glosa más paladina desta que es pareçida. E esto es que las setenta semanas que fueron se[n]tençiadas sobrellos para desgastar los peccados e aduzir el Cristo, segund dize en la profeçia de Daniel[150], son quatroçientos e noventa annos. E començaron al comienço de la cautividat de Joachim, que fue al comienço del regno de Nabucodonosor; e despues veynte[151] annos, que esto fue al comienço de la cautividat de Çedechias, se començaron los quatroçiento[s] e treynta annos que nonbró el profeta Ezechiel del desgastamiento de los peccados[152]. E fállasse que començó el perdonamiento en la era de quatroçientos e çincuenta annos del regno de Nabucodonosor, ca estonçe vino el Spiritu Sancto en el vientre de su madre del Cristo, que fue el dador del perdon, e fincaron quarenta annos de los quatroçientos e noventa. E el Cristo fue muerto al comienço de la semana postremera, segund dixo el viesso que depues de las ssessenta e dos semanas[153] que fueron depues de las siete primeras será tajado el Cristo[154]. Fincaron los annos del Perdonador treynta y tres annos, e tantos fueron los annos de Jhesu Nazareno desde la ora de ssu conçebimiento, segund lo tienen los cristianos. E fincó la su justiçia para siempre jamas a los justos, segund dixo el viesso por él, para aduzir justiçia de sieglos[155], e tirosse de los malos, que nol reçibieron los que llama el viesso „enconamiento" e

---

[148] Ms.: usu.
[149] Dn 9, 24 „septuaginta ebdomades adbreviatae sunt super populum tuum et super urbem sanctam tuam / ut consummetur praevaricatio et finem accipiat peccatum".
[150] S. o., Anm. 149.
[151] Ms.: quatro ueynte.
[152] Ez 36, 33 „in die qua mundavero vos ex omnibus iniquitatibus vestris".
[153] Ms.: semañas.
[154] Dn 9, 26 „et post ebdomades sexaginta duas occidetur christus".
[155] Dn 9, 24 „et adducatur iustitia sempiterna".

„conpanna de enconamientos"[156]. Ca se tiró a la fin de la semana postremera de las setenta, al cabo de la viespera y man[157] de dos mill e trezientos desde la ora que el enemigo se engrandeçió sobrel prínçipe de la gente. Que esto fue desde la ora que fue el Cristo preso paral matar la noch dante la viespera de su pascua de los judios fasta la viespera del dezeno dia del mes Ab del cabo de la semana[158] postremera. Que entonçe fue quemado el tenplo e cayeron en esta cautividat en que agora son, e fue paçificada[159] e connoçida qual era la santidat que fue de los que no cayeron en esta cautividat. Y esto fue otrossi „al cabo de tienppo e tienppos e medio tienppo, y de mill e dozientos e noventa dias desde la ora que fue tollido el sacrifiçio de cada dia"[160], a la meatat de la postremera semana. E assi dize en el libro «Eliahu Raba»[161] que lo que dixo el viesso ,tienppo', dízelo por un anno, e lo que dixo ,tienppos', dízelo por dos annos, e lo que dixo ,medio tienppo", dízelo por medio anno, que sson entre todos tres annos e medio. E esto es la media semana postremera de que dixo el viesso que „a la media semana toldrá el sacrifiçio e la ostia."[162] E assi lo dixo Sant ⟨7r.⟩ Juan en el Apoccalipissi que esto seria quarenta e dos messes[163], que montan tres annos e medio. E assi dize en el libro «Midrastillim»[164] que dixo rabi Yohanan que tres annos e medio estido Dios en Monte Olivete conbidando e diziendo „requeret a Dios, mientra que vos es fallado, llamalde[165], mientra que vos es çercano"; y ellos no cataron por él, como dixo Dios, querellándosse dellos: „fu[166] requerido a los que no me pidieron, e fuy fallado a los que no me buscaron." Des que vio Dios que no querian tornar, dixo: „Yré y tornaré a mi logar." E por esto dize el viesso que „assi como llamó[167] e no escucharon, assi llamarán, e no los escucharé, dize Domino Sabaot"[168], e tribularlos-ha más que todas las gentes.

Fasta aqui es la palavra.[169] E dize esto porque entonçe fueron essilados y desechados en esta cautividat de Titus, en que agora son. E los rasccos, que nombran el uno

---

[156] Ms.: ēcōnamiēto, encōna miēntos. – Hebr. *šikkuz*. Dn, 9, 27 „et in templo erit abominatio desolationis; Dn 11, 31 „et dabunt abominationem in desolationem".
[157] ,mañana'.
[158] Ms.: semaña.
[159] Vielleicht verschrieben statt *çertificada*.
[160] Dn 12, 11 „et a tempore cum ablatum fuerit iuge sacrificium / et posita fuerit abominatio in desolatione / dies mille ducenti nonaginta".
[161] «Seder Eliyahu Rabba», erste Abteilung des Midras «Tanna dĕ-Vej Eliyahu».
[162] Dn 9, 27: „et in dimidio hebdomadis deficiet hostia et sacrificium".
[163] Apc 13, 5 „et data est illi potestas facere menses quadraginta duo".
[164] S. o., Anm. 62.
[165] Ms.: llamallde.
[166] Diese Form, neben *fuy*, kommt auch an anderer Stelle im Text vor.
[167] Ms.: llamo.
[168] Za 7, 13: „et factum est sicut locutus est et non audierunt / sic clamabunt et non exaudiam dicit Dominus exercituum".
[169] R. Joḥanans.

‚cadma'[170], que tienen en el vierbo ‚companna de enconamientos', y el otro que nombran ‚tarha'[171], que tienen en el vierbo ‚enconamiento', mostra esta glosa de que son sujeptos en la palavra, y que el vierbo ‚assolado'[172] es predicado, para mostrar que es dicho por los peccadores ‚enconamiento' y ‚conpanna de enconamientos', que entonçe avian a sser assolados y desechados. Y aun el sabio rabi Mosse, maestro de Gironda[173], esplanó assi estos viessos qual era predigado e qual era sujepto, como quier que no los levó a esta entençion. E estos rasccos que dixiemos fueron de los destajos que conpuso Ezra en los viessos, y esto les era muy duro a los judios de lo oyr tan paladino; e por esso fue defendido Jonatan de gelo esplanar más de lo que ello está. Ca está esplando al tienppo de la venida del Christo e la cautividat de los malos quel non rreçibieron, segund cuento gruesso e segund non tan gruesso, e segund delgado e más delgado, por certificar bien el cuento. Ca fue contado segund semanas, de siete annos cada semana, e segund media semana, e segund annos de tres [e] medio, [e] segund dias mill e dozientos e noventa, e segund oras de viespera e man, e segund los annos que el Christo avia a venir, como ya dixiemos. E los omnes entendidos se deven mucho maravillar destos cuentos como recuden todos tan çiertos.

E otrossi dize en el libro que a nonbre entre los judios «Baba Meçiha»[174] que el profeta Elias era fallado en la escuela de Rabenu Haccados[175], e que una mannana tardosse e vino tarde. E díxole „¿En qué tardastes?" Díxole: „En que levanté a Abraam e lavé[176] sus manos – e fizo oraçion – e adormeçíl; e fize tal a Ysaac, e assi a Jacob." Díxole: „¡Levantássedeslos a todos en uno!'" Díxole: „Avia miedo que farian fuertes oraçiones e farian venir al Cristo non[177] en ssu tienppo[178]." Díxole: „¿E si es en este mundo quien los semeja en esto?" Díxole: „Si es, ca sson rabi Hia[179] e sus fijos." Luego echó Rabenu Haccados ayuno al aljama e puso por cantores a aquellos rabi Hia e sus fijos. Quando dixo que „Dios echa vientos", luego fizo viento; quando dixo que „faze caer lluvia", luego vino lluvia; quando llegó a dezir que „resuçitará los muertos", tomó[180] tempesta al mundo. Dixieron en el çielo: ⟨7v.⟩ „¿Quién descubrió esta cosa en la tierra [a] Elias?" Sacáronle a Elias e firiéronle sessenta feridas de fuego. Fue, y assannose como osso, y entró entrellos e esparziolos.

---

[170] Der verbindende Akzent Ḳadmā.
[171] Der trennende Akzent Ṭarḥā.
[172] S. o., Anm. 156. Bei dem ersten Zitat fehlt aber *assolado*.
[173] Moses ben Naḥman (Nachmanides) aus Gerona.
[174] Der Talmudtraktat «Bava Měziᶜa».
[175] Juda ha-Nasi, genannt ‚Rabbenu ha-Ḳadoš'.
[176] Ms.: lauo.
[177] Ms.: non *wiederholt*.
[178] ‚vor der Zeit'
[179] S. o., Anm. 19.
[180] Ms.: tom̄o.

Fasta aqui es la palavra.[181] E assi como esplanamos lo que dixieron que sse estremeció toda la tierra de Isrrael, que aquello fue estremeçimiento y escandalizamiento en los coraçones de los omnes de toda la tierra de Isrrael, assi devemos esplanar lo que dixieron que tomó tempesta al mundo, que quiere dezir que tomó tenpesta y escandalizamiento en los coraçones de los omnes del mundo, porque fazia saber o queria fazer saber de rrazon de la venida del Cristo cosas que eran estrannas e duras mucho en sus coraçones, las quales dellas entendió aquel sabio Rab[182] que eran de lo que olvidaron la Ley, como fue se[n]tençiado ssobrellos en aquellas malliçiones, e que lo que tenian que era verdat e salvacion e de su dotrina de Elias, ternán dende adelant que es mortalera y esparzimiento y estremeçimiento. E esto fue la su ferida que firieron a Elias sessenta feridas de fuego. Ca le firieron el[183] saccaron de todas las naturas del ser del mundo, que es dieç genus grandes, y en cada genus dieç espeçias, [y] en cada espeçia dieç differençias, y en cada diferençia dieç propriedades, y en cada propriedat dieç acçidentes, y en cada acçidente[184] dieç individuos[185]. E como lo esplané en otros logares, ca se[y]s vezes diez son sessenta. E estos son sessenta maneras de muchiguamientos, que por semejança dellos dixieron los sabios que el qui vier sessenta muchedumbres de ombres que nonbran en los seyçientas vezes mill, deve dezir bendiçion a Dios, que sabe todas las poridades, porque todas las poridades e los saberes de todo el mundo son encerrados en [a]quellas sessenta muchedumbres, segund es sabido a los filosofos e a los sabios de la Cabala. E mostraron en aquella palavra que lo que dizen en ssu oraçióm que ‚Dios echa vientos e aduze l[l]uvias' es verdat, assi como pareçe de ssu estoria llana; mas lo que dizen que ‚rressuçitará los muertos', a mester a otra glosa, la qual por ella sse escandalizavan todos los omnes del mundo, porque es sobre natura. E porque Moysen dixo que avian a aver Ley nueva a la venida del Cristo en el viesso que dize: „Proffeta les levantaré dentre sus hermanos tal como tú, e daré mis palavras en su bocca; fablarles-a todo lo que mandaré, y el varon que no escuchar las palavras que fablar en mi nombre, yo lo demandaré dél."[186] E assi en otro viesso que dize „Profeta dentre tus hermanos como yo te levantará Domino tu Dios; a él escucharedes."[187]

E los judios non tenian que podrá ser Ley nueva, ca no es Dios omne que pudies mentir ni fijo de omne que sse repintiesse, fasta que vino Hilel el Viejo babilonico

---

[181] «Bava Mězi͡ca», 85b.
[182] S. o., Anm. 11.
[183] = e le.
[184] Ms.: acçidendente.
[185] Ms.: indiuiuiduos.
[186] Dt 18, 18–19 „prophetam suscitabo eis de medio fratrum suorum similem tui / et ponam verba mea in ore eius / loqueturque ad eos omnia quae praecepero illi / qui autem verba eius quae loquetur in nomine meo audire noluerit ego ultor existam".
[187] Ms.: a el escucharedes *wiederholt.* – Dt 18, 15 „prophetam de gente tua et de fratribus tuis sicut me suscitabit tibi Dominus Deus tuus / ipsum audies".

e mostró la rrazon de como puede ser Ley nueva de ssin aver mentira nin repentimiento en los dichos de Dios. E esto en lo que mostró el departimiento que es de los unos mandamientos a los otros en lo que dixo: „Lo que es aborreçido a ti, no lo fagas a tu proximo; esto es toda la Ley, e todo lo al glosa es deso." Ca mostró en esto que algunos mandamientos ⟨8r.⟩ sson morales, que sson ençerrados en el mandamiento que dize: „Amarás a tu proximo assi como a ti."[188] Aquellos son la rayz de la Ley e son ençerrados en los dieç mandamientos de las Tablas, como dixieron sobrel viesso que dize „los mis juyzios faredes"[189] las cosas que, aunque no fueran escriptas, derecho era de juyzio que ffuessen escriptas, como: servir ydolos, e luxuria, e matar omne, e furtar e robar, e testiguar testimonio falsso, e jurar en falsso malleza[190] a Dios, e que los otros mandamientos, los que sson çerimoniales, no son rayz de la Ley, sinon que sson glosas e guardas para entender e guardar con ellos los mandamientos morales. E son como las paredes de la vinna, que non sson ellas la vinna, mas que sson guardes para guardar la vinna; que ssi aquellas paredes fuessen flaccas, como de sarmientos e espinas apparejadas para se quebrantar, de ligero ser[ia] por ende coffondida[191] la vin[n]a por las bestias o los ladrones. No conviene a dezir „¿por que q[ui]tó aquellas flaccas paredes e puso en su logar otras paredes de piedras rezias y de cal, que esto coffondió la vinna?", sino que „la enderreçó mejor que ante era." E esto como lo que es escripto sobrel mandamiento del panno con que sse cubren, que nonbran ‚çiçit'[192]: „verl-edes e menbraredes todos los mandamientos de Dios, e fazerlos-edes."[193] Que muestra que no es este mandamiento sino como qui ata un filo en el dedo[194] del otro, porque sse amienbre con él de algun mandado quel a cometido. E assi el mandamiento de las cabannuelas, dize el viesso por él: „En cabannas moraredes siete dias, porque seppan vuestras generaçiones que en cabannes fiç morar a fijos de Isrrael quando los saqué de tierra de Egipto; yo so Domino vuestro Dios."[195] Como que diç que „vos remenbrades que yo sso Domino vuestro Dios que saqué a vuestros generaçios[196] primeros de tierra de Egipto e fiç con ellos miraglos, trayéndolos por tierras despobladas. E por ende sodes tenidos de connoçer que yo sso vuestro Dios, para que fagades mis mandamientos." E assi los otros mandamientos que sson çerimoniales, que non son

---

[188] Lv 19, 18 „diliges amicum tuum sicut temet ipsum".
[189] Wohl Lv 18, 4 „facietis iudicia mea".
[190] Bei Berceo: *maleza* ‚maldad'.
[191] Ms.: coffondidida.
[192] ẓiẓit ‚Quaste' (Nm 15, 38)
[193] Nm 15, 39 „quas cum viderint recordentur omnium mandatorum Domini"; genauer: „daß ihr sie ansehet und gedenkt aller Gebote des Herrn und tut sie".
[194] Ms.: dedo *wiederholt*.
[195] Lv 23, 42–43 „et habitabitis in umbraculis septem diebus / omnis qui de genere est Israhel manebit in tabernaculis / ut discant posteri vestri quod in tabernaculis habitare fecerim filios Israhel / cum educerem eos de terra Aegypti / ego Domnus vester".
[196] S. o., Anm. 32.

encerrados en aquel mandamiento que dize „amarás a tu proximo assi como a ti." E que semeja como obras de vanidat, todos fueron para confirmar con ellos los mandamientos morales en los coraçones del pueblo.

E porque los dieç mandamientos son la rayz de la entencion en toda la Ley, pusieron los sus sabios primeros que los dixiessen cada dia quando dizen sus oras segund lo cuentan en el libro «Baracot»[197] E porende pudieron algunos omnes aprender dende que podia sser que fuessen mudados algunos de los otros mandamientos cerimoniales por otros que confirmassen mejor los mandamientos morales en los coraçones de los omnes, y esto segund los entendimientos y las oppiniones que sse van mudando en ellos, assi como se muda la cura del doliente en ssu comer y en ssu bever e sus axaropes y sus letuarios e las otras curas de segund que era a primero, segund el mudamiento de la dolençia a liviandat o a pesgamiento, de sin ser mentir nin repentimiento en los dichos del fisico curador, assi como fue la remembrança de la salida de Egipto mejor para confir⟨8v.⟩mar que Dios tiene mientes en los omnes que no la remembrança de que es el mundo nuevo. Ca por esso fue mudada la razon del sabado en los dieç mandamientos segundo[198] de la remenbrança de la criaçion del mundo a la reme[n]brança de la salida de Egipto, porque algunos otorgan que Dios crió el mundo, sino que no tien mientes ni guarda estas cosas baxas corronpibles. Mas por lo que Abraam fue bueno el[199] prometió Dios para sus fijos salvacion depues de que fuessen en cautividat quatroçientos annos, que tal como gelo prometió, tal gelo cunplió; e muestra bien que tien mientes en los omnes, mejor que lo mostrava la criaçion del mundo.

8 v.

E assi entendian los sabios que avia a sser mudada la razon de la remembrança de la salida de Egipto a la remenbrança del ressuçitamiento de los muertos, y esto por lo que fallavan en[200] este mundo buenos que an mal e malos que an bien. E por esto dixo el sabio Ben Zoma[201] que no nonbrarán la salida de Egipto al tienppo del Cristo, segund dixo el viesso „he dias vinientes, dize Dios, e non dirán más: vivo Dios que alçó a ffijos de Isrrael de tierra de Egipto"[202] Ca por esso ordenaron a dezir en el departimiento de la salida de Egipto, que nonbran «Hagada»[203], en las noches de ssu Pascua, e no en los dias, como lo esplanó aquel sabio Ben Zoma. E gelo otorgó rabi Eleazar[204] ben Azaria[205], segund dixo el viesso que „te remenbrarás del dia que

---

[197] S. o., Anm. 116.
[198] Ms.: segundos.
[199] = e le.
[200] Ms.: en *wiederholt*.
[201] Simon ben Zoma.
[202] Ier 16, 14 „propterea ecce dies veniunt dicit Dominus / et non dicetur ultra vivit Dominus qui eduxit filios Israhel de terra Aegypti".
[203] Die «Haggada šel Pesaḥ».
[204] Der Name ist nicht mit Sicherheit zu lesen.

saliste de tierra de Egipto todos dias de tu vida"²⁰⁶, e que por esso dixo „todos dias de tu vida" por meter „y las noches"; no como los otros sabios, que dixieron²⁰⁷ que por esso dixo „todos dias de tu vida" por meter „y los dias del *Cristo*." E por esso dixieron en el libro «Midras Misle»²⁰⁸ ca al tienppo venidero del *Cristo* serán dexadas todas las fiestas, porque todas fueron remenbrança de la salida de Egipto. E assi dize el viesso por ellas: „remenbrarás que siervo fuste en Egipto e guardarás e farás estos fueros."²⁰⁹. E dízen[lo] en cada bendiçion que nonbran ‚oída'²¹⁰, en todas sus fiestas, que ellas fueron remenbrança de la salida de Egipto. E dízenlo de noche, y non de dia, por no otorgar la glosa de aquellos que dizian que lo dixiera el viesso por la venida del *Cristo*. E dizen en la glosa del libro Eclesiastes, que nombran ellos «Midras Cohelet»²¹¹, sobrel viesso que dize en él „no será remembrança a los *primeros* e aun a los postremeros que *serán*; no será a ellos remembrança con los que serán a la postremeria"²¹² quantos signos fueron fechos a Ysrrael despues de que salieron de Egipto, más de los que fueron fechos ante que saliessen de Egipto. E por ellos dixo el viesso „no será remembrança a los *primeros* ni aun a los postremeros que *serán*; no será a ellos remembrança con los que *serán* a la postremeria"²¹³, ca a quales dará remembrança a los signos del tiempo venidero, segund dize el viesso „he dias vernán, dize Dios, que non dirán más: vivo Dios ⟨9r.⟩ que alçó a fijos de Isrrael de tierra de Egipto."²¹⁴ E síguesse desto que [a]l tienpo venidero del *Cristo* avrian a fazer fiestas que diessen remembrança de los signos que les *serán* fechos en aquellos tienpos, y que no darán remembrança de los signos *primeros*, nin farán las fiestas que fueron para los remembrar.

9r.

E dizen en el libro «Baycra Raba»²¹⁵ que al tienppo venidero del *Cristo* serán dexados todos los otros sacrifiçios, mas el sacrifiçio de la manifestaçion nunqua será dexado. E aquel sacrifiçio que nunca será dexado no es de carne, segund cuenta el Salterio, mas que será de pan, segund se prueva en el libro «Sebohoc»²¹⁶. E assi dizen

---

²⁰⁵ Eleazar ben Azaria.
²⁰⁶ Dt 16, 3 „ut meminineris diei egressionis tuae de Aegypto omnibus diebus vitae tuae".
²⁰⁷ Ms.: que dixieron+que por esso dixieron.
²⁰⁸ «Midraš Mišle», Auslegungsmidrasch zu den Sprüchen Salomos.
²⁰⁹ Dt 16, 12 „et recordaberis quoniam servus fueris in Aegypto / custodiesque ac facies quae precepta sunt".
²¹⁰ Ms.: cjda *oder* ojda. – *Oída* ist offenbar die Wiedergabe des hebr. Wortes šĕmaᶜ ‚höre', mit dem das Gebet beginnt (Dt 6,4) und nach dem es benannt ist.
²¹¹ Der Auslegungsmidrasch «Ḳohelet Rabba».
²¹² Ecl 1, 11 „non est priorum memoria sed nec eorum quidem quae postea futura sunt erit recordatio apud eos futuri sunt in novissimo".
²¹³ Die Wiederholung des Zitats beruht möglicherweise auf einem Versehen, und auch die Konstruktion des Restes des Satzes ist unklar.
²¹⁴ S. o., Anm. 202.
²¹⁵ «Wa-Yikra Rabba», Homilienmidrasch zum Leviticus.
²¹⁶ Der Talmudtraktat «Šĕvuᶜot».

que todas sus oraçiones que eran fraguar el tenplo, todas an a sser dexadas de los justos. Y en el libro «Midras Cohelet» dixo el sabio Hiçquia[217], fijo de rabi Hia[218], que toda ley que omne aprendiere en este mundo, todo es vanidat delante la Ley del Cristo. E dizen en el libro que nonbran «Çifre»[219] sobrel viesso que dize en la profeçia de Ezechiel: „He dias vinientes, dize Dios, e tajaré con casa de Israel e con casa de Juda testamento nuevo"[220], que lo dize por Ley nueva que avian a aver[221], ca assi la Ley fue nonbrada ‚testamento' en esta lengua, segund el viesso que dize: „Escrivió sobre las tablas las palavras del testamento."[222] E dizen en el libro que es glosa de Canticca Canticorum[223], que Moysen dixo a Isrrael que paral tiempo del Cristo fue dicho aquel viesso que dize: „Ca este testamento que[224] tajaré[225] con casa de Isrrael depues de aquellos dias, dize Dios, que daré mi Ley en sus entrannas e sobre su coraçon la escriviré."[226] E sobrel viesso que dize en la profeçia de Ysayas „ca Ley de mí saldrá"[227], que dixo rabi Abarcahana[228] que dixo Dios „Ley nueva de mí saldrá", e que por esso al tienppo venidero comerán los sevos e lo mal degollado e lo trufano[229] e todas la[s] bestias e aves e pescados afogados, de ssin que sean degollados como lo solian fazer; e tal lo dizen en el libro »Vaycra Raba»[230]. E sobrel viesso del Genesi que dize: „atará a la vit su pollino y al sarmiento fijo de su asna"[231], que lo que dixo ‚su pollino e fijo de su asna', dízelo por el Cristo, fijo de Davit, segund dize en el viesso: „Alégrate mucho, fija de Sion; canta, fija de Jerusalem, que tu rey verná a ti, justo e salvo e pobre e cavalgante sobre asno y sobre pollino, fijo de asna."[232]

---

[217] Ḥizḳia.
[218] S. o., Anm. 19.
[219] «Sifrej», halachischer Midrasch zu Numeri und Deuteronomium.
[220] Die Stelle findet sich nicht bei Ezechiel, sondern bei Jeremias (31, 31): „ecce dies veniunt dicit Dominus / et feriam domui Israhel et domui Iuda foedus novum". *tajar* ist die wörtliche Übersetzung von hebr. *kārat*.
[221] Ms.: aver] a ber (*mit einem Strich über dem* a).
[222] Ex 34, 28 „et scripsit in tabulis verba foederis decem".
[223] Vermutlich «Šir ha-Širim Rabba».
[224] Ms.: que] ca.
[225] *tajaré* s. Anm. 220.
[226] Ier 31, 33: „sed hoc erit pactum quod feriam cum domo Israhel / post dies illos dicit Dominus / dabo legem meam in visceribus eorum / et in corde eorum scribam eam".
[227] Is 51, 4 „quia lex a me exiet".
[228] Abba bar Kahana, Amoräer der dritten Generation.
[229] Die Bedeutung ist ‚nicht koscher', ‚treife' (hebr. *těrēfa*). Im Spanischen ist nur *trefe* belegt.
[230] S. o., Anm. 215.
[231] Gn 49, 11 „ligans ad vineam pullum suum et ad vitem o fili mi asinam suam".
[232] Ms.: asnas. – Za 9, 9 „exulta satis filia Sion / iubila filia Hierusalem / ecce rex tuus veniet tibi / iustus et salvator ipse / pauper et ascendens super asinum / et super pullum filium asinae".

Y en que manera fará lava[du]ra²³³, segund lo que dixo otro viesso: „Esparçiré sobre vos aguas limpias, e seredes limpios."²³⁴

E assi dize en la profeçia de Jeremias: „Darevos pastores como a mi coraçon, e a paçervos-an de saber y entender, e será quando vos muchiguaredes e creçentaredes en la tierra en eses dias, dize Dios, no dirán más del arca del testamento de Dios e no la nonbrarán ni la visitarán ni será fecho más."²³⁵ Que mostró en esto qué cosas de saber e entender amostrarán aquellos pastores governadores que serán disçipulos del Cristo, no segund lo que es escripto en el arca del Testamento de Dios. Ca por aquellas çerimonias dize el ⟨9v.⟩ viesso por aquel tienppo del Cristo: „Yo otrossi les di fueros no buenos e juyzios, que no serán vivos por ellos"²³⁶ [„ ...] porque los assolé"²³⁷, e esto porque no les dan fiyusa de las retribuçiones paral mundo de las almas. Y assi Jonatan²³⁸ su discipulo de Hilel el Babilonico, traslaudó²³⁹ al caldeo el²⁴⁰ viesso que dize en la profeçia de Ysayas: „saccaredes aguas con alegria de las fuentes de la salvaçion"²⁴¹, como sie dixiesse: reçibiredes aprendimiento nuevo con alegria de los justos escogidos. Y esto fue de lo que sse escandalizó el mundo por ello, ca lo tenian el pueblo de los judios por mal de ser Ley nueva. e por esso les²⁴² tollieron los diez mandamientos de los dezir cada dia en su oraçion, segund lo cuentan en el libro «Baracot»²⁴³ porque aquellos omnes, a que ellos llamavan erejes, dizian que no averia otra Ley que fuesse rayz, sino aquellos dieç mandamientos solos. E segund que lo esplané en el mi «Capitulo sobre la malliçion de los erejes»²⁴⁴, e dixieron aquellos grandes maestros de Yabne²⁴⁵, y el sabio Rab²⁴⁶ con ellos, que aquella oppinion de no aver Ley nueva seria espandida entre los judios en esta cautividat de Titus, en que agora son por virtut de la se[n]tençia de las malliçiones que fueron se[n]tençiadas sobrellos, assi como agora oran diziendo: „voluntad sea

9 v.

---

²³³ Ms.: lauara.
²³⁴ Ez 36, 25 „et effundam super vos aquam mundam / et mundabimini ab omnibus inquinamentis vestris".
²³⁵ Ier 3, 15–16: „et dabo vobis pastores iuxta cor meum / et pascent vos scientia et doctrina / cumque multiplicati fueritis et creveritis in terra / in diebus illis ait Dominus non dicent ultra arca testamenti Domini / neque ascendet super cor neque recordabuntur ilius / nec visitabitur nec fiet ultra".
²³⁶ Ez 20, 25 „ergo et ego dedi eis praecepta non bona / et iudicia in quibus non vivent".
²³⁷ Der Text ist hier offenbar unvollständig. Vielleicht Ez 20, 26 „damit ich sie verstörte".
²³⁸ S. o., Anm. 92.
²³⁹ S. o., Anm. 55.
²⁴⁰ Ms.: el *wiederholt*.
²⁴¹ Is 12, 3 „haurietis aqua in gaudio de fontibus salvatoris".
²⁴² Ms.: los.
²⁴³ S. o., Anm. 116.
²⁴⁴ Vielleicht ein Kapitel im «Libro de las Malliciones de los Judios» (s. o., Anm. 3).
²⁴⁵ S. o., Anm. 6.
²⁴⁶ S. o., Anm. 11.

ante Domino nuestro Dios, Dios de nuestros parientes, que nos subas con gozo en nuestra tierra e nos llames en nuestro termino, e allá faremos ante ti los sacrifiçios de nuestros debdos, los de cada dia, segund fueron ordenados", e los otros annadidos segund su costumbre en cada una de las fiestas. Y esto es confirmamiento de las fiestas e los sacrifiçios segund que solian ser, e aun Ley nueva, segund lo mostró Moysen[247] e todos los otros sabios que dixiemos.

E assi el envestimiento de la divinidat en los justos y en el Cristo en grado muy mayor e más noble que todos mostrolo Dios a Moysen encubiertament en el viesso que dixo: „Assi dirás a fijos de Isrrael: el que sso me embió a vos."[248] E nunca Moysen dixo a Ysrrael este nonbre ‚el que sso', sinon que gelo dixo encubiertament quando se queria finar a cabo de quarenta annos, en el viesso que les dixo: „No vos dio Dios coraçon para saber ni ojos para ver, ni orejas para oyr fasta este dia. E levevos quarent[a] annos en el des[i]erto: no envejeçieron vuestros pannos sobre vos, nin tus çapatos no envejeçieron sobre tus pies; pan no comistes ni vino ni sidra no bevistes, porque sepades que yo so Domino vuestro Dios."[249] Ca Moysen les dixo ‚ca yo so Domino vuestro Dios', que segund el ebrayco quier dezir que ‚yo so el que da el seer, que él es el ser mismo', segund que gelo dixo Dios: „Assi dirás a fijos de Isrrael: el que sso me imbió a vos." E assi en el viesso que dixo: „Daré lluvia de vuestra tierra en su tienppo y daré yerva en tu canpo para tus bestias."[250] Y esto lo que dixieron sus sabios que mostró Moysen a Isrrael al cabo de quarenta annos, que les avia Dios a mostrar con lo que avrian el temor de Dios; e aquello ⟨10r.⟩ era el envistimiento de la divindat en la humanidat. E no les diria Moysen tan grant denuesto por de balde, de que Dios no les dio coraçon ni ojos ni orejas para esto, e maguera que les acertaron todos aquellos miraglos, sino porque entonçe les dizia lo que les era coraçon e orejas e ojos lo que no pudieron saber ante desto.

E como lo aprendieron sus[251] maestros de aqui, que no deçende omne a la fin del saber de su maestro fasta quarenta annos. Lo que aun con todo aquel amostramiento connoçido a los sabios e otros muchos tales como él no lo pueden entender aun agora los peccadores por la se[n]tençia de las malliçiones que fue puesta sobrellos, e assi, segund los sabios, en el viesso que dize en el Genesi: „Paró alli ara e llamó

---

[247] Moses Maimonides.
[248] Ex 3, 14 „dixit Deus ad Mosen ego sum qui sum / ait sic dices filiis Israhel qui est misit me ad vos".
[249] Dt 29, 4-5 „et non dedit Dominus vobis cor intellegens et oculos videntes et aures quae possint audire / usque in praesentem diem / adduxi vos quadraginta annis per desertum / non sunt adtrita vestimenta vestra / nec calciamenta pedum tuorum vetustate consumpta sunt / panem non comedistis vinum et siceram non bibistis / ut scietis quia ego sum Dominus Deus vester".
[250] Ms.: Hinter canpo wurde nachträglich eingefügt: para tus bestias ca moysen dixo dare lluvia de uuestra tierra e dare yerua en tu canpo. – Dt 11, 14-15 „dabo pluviam terrae vestrae temporivam et serotinam … faenum ex agris (im Hebr. „Pflanzenwuchs auf deinem Felde") ad pascenda iumenta".
[251] Vielleicht: [de] sus.

Dios, Dios de Isrrael."[252] Dixieron ellos que Dios de Isrrael llamó a Jaccob Dios[253], sobrel viesso que dize en el Salterio: „Oraçion a Moysen varon de Dios"[254] por[que] aquel vierbo ‚de' no paresçe en el ebrayco, e que paresçe como que dirie ‚Moysen, varon Dios'. Dixieron ellos que por esso encubrieron aquel vierbo ‚de', por mostrar que Moysen lo era todo, varon e Dios, ca del medio ayuso era varon y del medio arriba era Dios, e dixieron que Jacob no murió e que Moysen no murió. E dixieron otros que murió e que es echado en las alas de Dios, y esto segund lo que escrivió el sabio Aviçienna en la «Filosofia Oriental»[255] que la verdaderia del omne conplido, esso es la verdaderia de Dios sin ningun departimiento. Ca assi dixieron en el libro «Midrastillim»[256] que dize Dios a los justos „no vos espantedes de mí, ca tal so como vos", e que les dirá a ellos „tales sodes fechos como yo, quiçabe que mejores que yo queredes ser", e que por esso dixo el viesso: „Si te[257] tornaren e te tomare, ante mí estarás; e si saccares lo preçiado de lo despreçiado, segund yo serás."[258] E sobrel viesso que dize en el Salterio „ca está Domino nuestro Dios para siempre jamás"[259] dixieron quel mostrarán a Dios con el dedo. E dixo rabi Eliezer[260] que al tienppo venidero diran ‚santos' a los justos, assi como dizen a Dios ‚santo', ca por esso dixo el viesso: „Será el que remaneçrá en Sion e fincará en Jerusalem; santo será dicho a él."[261] E dixo rabi Mayr[262]: „Quando el omne sufre alguna tribulaçion, que dize Dios en aquel tienppo: mal me faze la cabeça, mal me faze el braço". E dixo rabi Haquiva[263] que el viesso dixo „a Domino tu Dios[264] temerás"[265] para meter con él que tema assi al lazrado como a Dios.

E assi escrivió Sant Agustin que la divinidat, la que era su substançialidat del *Cristo*, en todo logar es. E dizen que un grand filosofo, Abubac ben Cays[266] su nonbre, dixo: „yo so todos los passados." E dize en el libro «Çuca»[267] que Hilel el Viejo[268],

---

[252] Gn 33, 20 „et erecto ibi altari invocavit super illud Fortissimum Deum Israhel".
[253] «Mĕgilla», 18a „Und er nannte Jakob ‚El'".
[254] PsH 89, 1 „Oratio Mosi viri Dei".
[255] Die auch in «Ofrenda de Zelos», f. 23a, zitierte Schrift «Kitāb al-Mašriqiyīn»; s. o., S. 51, Anm. 97.
[256] S. o., Anm. 62.
[257] Ms.: si te *wiederholt*.
[258] Ich kann die Stelle nicht identifizieren.
[259] PsH 9, 8 „Dominus autem in sempiternum sedebit".
[260] Eliezer ben Hyrkanos.
[261] Is 4, 3 „et erit omnis qui relictus fuerit in Sion et residuus in Hierusalem sanctus vocabitur".
[262] Rabbi Me'ir, Schüler R. Akivas.
[263] S. o., Anm. 38.
[264] a *Domino tu Dios wiederholt*.
[265] Lv 19, 14 „timebis Deum tuum".
[266] Abū Bakr Muḥammad ibn Ṭufail al-Qaisī.
[267] S. o., Anm. 15.
[268] S. o., Anm. 18.

quando se alegrava en el tenplo, dizia que „ssi yo so aquí, todos son aquí, e si yo no so aquí ¿quién es aquí?" E assi dixo Dios „Si tu vinieres a mi casa, yo otrossi verné a la tuya, e si tu no vienieres a mi casa, yo no verné a la tuya." Ca por esso dixo el viesso: „En todo logar que faré nonbar mi nonbre verné a ti e bendizrete."[269] E dize en el Evangelio que quando ⟨10v.⟩ dixo Jhesu a los judios „yo e mi padre del çielo unos somos", diziánle ellos „que tú eres omne ¿e como te fazes Dios?" E respondioles Jhesu e dixo: „¿No veedes lo que dixo en vuestra Ley: Yo dixe, dioses sodes vos, e fijos de Alto todos vor."[270] E assi escrivió Platon que Dios es todas las virtudes en comparaçión de los criados, y que el aprender y el estudiar no es sino arremenbrar. E dixo el sabio Caliç[271] que todas las cosas son plenas de Dios. E assi los sabios del Talmud dixieron que Dios es en todo logar, e que no es lugar a do no sea Dios. E assi el viesso en la profeçia de Jeremias dize: „Los çielos e la tierra, yo lo implé."[272] E dixieron los sabios del Talmud que Dios impló el mundo como el alma impla el cuerpo. E por esso dixo rabi Ismael[273], que todo el qui sopiere el medimiento de la quantia de Dios será seguro de aver el otro mundo venidero. E dixo rabi Haquiva: „E yo he fiedat en ello." E por esta entençion fue conpuesto entrellos el libro que no[n]bran «Perecxira»[274]. E dixo rabi Eliezer que „todo qui trabajare en aquel libro, yo le so testimonio que avrá el otro mundo venidero e que avrá ventura para los dias del Cristo." E cave más tener mientes en lo que dixieron que ‚avrá ventura[275] a los dias del Cristo'[276], porque la venida del Cristo avia a sser para mostrar esto. E semejança de aquella poridat de aquel libro es en el cantico de los ninnos Ananias e Misael [e] Azarias que dizen los cristianos cada dia en sus oraçiones, que comiença: „Benediçite omnia opera Domini Domino."[277] E assi dixieron los sus sabios que el Cristo seria mucho más noble que no era Moysen nin que todos los otros justos. Como dixieron en el libro que nonbran «Pirque rabi Eliezer»[278] sobrel viesso que dixo Moysen „embia agora en mano del qui imbiarás"[279], que dixo Moysen: „embia en mano de aquel omne que as a enbiar", e dízelo por el Cristo. E dize en el libro

---

[269] Ex 20, 24 „in omni loco in quo memoria fuerit nominis mei / veniam ad te et bendicam tibi"
[270] Io 10, 30–34 „ego et pater unum sumus ... responderunt ei Iudaei ... et quia tu homo cum sis facis te ipsum Deum / respondit eis Iesus / nonne scriptum est in lege vestra quia ego dixi dii estis". Der zweite Teil des Psalmenzitats (81, 6 „et filii Excelsi omnes vos") fehlt bei Johannes.
[271] Verstümmelt aus *Thales*; „πάντα θεῶν πλήρη", nach Aristoteles, an 411a, 7.
[272] Ier 23, 24 „numquid non caelum et terram ego impleo ait Dominus".
[273] Išmael ben Eliša.
[274] «Pereḳ Šira», Sammlung von Preisliedern auf den Schöpfer.
[275] Nicht mehr mit völliger Sicherheit zu entziffern.
[276] Ms.: E cave ... Cristo *am Rande nachgetragen*.
[277] Dn 3, 57.
[278] «Pirḳej dě-Rabbi Eliezer», haggadischer Midrasch.
[279] Ex 4, 13 „Domine mitte quem missurus es".

«Eliahu Raba»[280] sobrel viesso que dize: „¿Quién eres tú el monte grande para adelante de Zorobabel"[281], que lo dize por el *Cristo*, fijo de Dios vero, que es más grande que todos los patriarcas, e que por esso dixo el viesso en la profeçia de Isayas: „He que[282] entendrá mi siervo; enalteçerse-a e ensalçarse-a e enaltecerse-a[283] mucho"[284], que dize ‚enal[te]-çers[e]-a más que Abraam, e ensalçarse-a más que los angeles buenos.' E assi Jonatan traslaudó[285] al caldeo lo que dixo el viesso: „He que entendrá mi siervo", como si dixiesse: „He que entendrá mi siervo el *Cristo*". E por lo que dize el viesso: „Este es su nombre que le llamarán Dios nuestro justo"[286], traslaudó Jonatan como ssi diria: „Éste es su nonbre que le llamarán Dios nuestro justo"[287]; e assi el rasco que nombran ‚tarha'[288], que puso Ezra so el vierbo „que le llamarán", ⟨...⟩[289] que el nonbre llamado seria Dios. E assi lo escrivió el sabio rabi Abraam ben Ezra[290], e assi los sabios del Talmud dixi...[291]

---

[280] «Tanna dĕ-Vej Eliyahu».
[281] Za 4, 7 „quis tu mons magne coram Zorobabel in planum".
[282] Ms.: He que] que qui.
[283] Ms.: Vielleicht steht das zweite „enalteçerse-a" irrtümlich für ein anderes Verb; vgl. die Vorlage.
[284] Is 52, 13 „ecce intelleget servus meus / exaltabitur et elevabitur et sublimis erit valde".
[285] S. o., Anm. 55.
[286] Ier 23, 6 „et hoc est nomen quod vocabunt eum Dominus iustus noster".
[287] Der Schreiber hat offenbar in Gedanken den vorangehenden Satz wörtlich kopiert.
[288] S. o., Anm. 171.
[289] Das Verb ist nicht mehr eindeutig zu lesen.
[290] Abraham ben Me'ir ibn Ezra.
[291] Wieviel von dem Text fehlt, läßt sich nicht sagen. Da das Werk aber, ungleich anderen Schriften Alfonsos, nicht in Abschnitte gegliedert ist, dürfte es nicht sehr umfangreich gewesen sein.

Bibelzitate

Gn	4,26	3 v.		PsH	89,1	10 r.
	17,1	3 r., 3 v.			89,10	5 r.
	17,3	3 r.			90,14–15	4 v.
	21,33	4 r.		Prv	2,6	3 r.
	33,20	10 r.			14,33	3 r.
	49,11	9 r.		Ecl	1,11	8 v.
Ex	3,14	9 v.		Is	4,3	10 r.
	3,15	3 v.			12,3	9 v.
	4,13	10 v.			29,14	2 r.
	6,2–3	3 r., 3 v.			29,17–18	2 v.
	8,2–3	3 r.			51,4	9 r.
	20,2	3 v.			52,13	10 v.
	20,5	3 r.		Ier	3,15–16	9 r.
	20,24	10 r.			16,14	8 v., 9 r.
	34,28	9 r.			23,6	10 v.
Lv	18,4	8 r.			23,24	10 v.
	19,18	8 r.			31,31	9 r.
	19,14	10 r.			31,33	9 r.
	23,42–43	8 r.		Ez	20,25	9 v.
	26,44	2 v.			20,26	9 v.
Nm	15,39	8 r.			36,25	9 r.
Dt	11,14–15	9 v.			36,33	6 v.
	16,3	8 v.		Dn	9,24	6 v.
	16,12	8 v.			9,26	6 v.
	18,15	7 v.			9,27	6 v.
	18,18–19	7 v.			11,31	6 v.
	28,45–46	2 v.			12,7	4 r.
	28,59	1 v.			12,11	6 v.
	29,4–5	9 v.		Am	8,11–12	1 v.
	29, 28	2 v.			8,14	2 v.
Ios	22,22	3 r.		Za	4,7	10 v.
III Rg	18,27	4 v.			7,13	7 r.
II Par	15,3	2 r.			9,9	9 r.
	15,4	2 r.			14,9	4 r.
II Esr	8,8	2 v.		Io	10,30–34	10 v.
PsH	9,8	10 r.		Apc	13,5	7 r.
	49,1	2 v.				

Namen

Abba Aricha („Rav')	1 v., 2 r., 2 v., 5 v., 7 v., 9 v.
Abba bar Kahana	9 r.
Abba Saul ben Batnit	4 v.
Abraham ibn Ezra	10 v.
Akiva ben Josef	2 v., 10 r., 10 v.
Alfonso	1 v.
Augustinus	5 v., 10 r.
Avicenna	5 v., 10 r.
Avtalyon	6 r.
Bava Mězi^ca s. *Talmud*	
Běrachot s. *Talmud*	
Caliç s. Thales	
Capitulo sobre la mallicion de los erejes	9 v.
Eleazar ben Azaria	8 v.
Eliezer ben Hyrkanos	10 r., 10 v.
Eliyahu Rabba	6 v., 10 v.
Galenos	4 r.
Haggada	8 v.
Ḥiyya bar Abba I.	2 r., 7 r., 9 r.
Hillel	2 r., 3 v., 6 r., 7 v., 9 v.
Ḥizḳia	9 r.
Ibn Ṭufail	10 r.
Išmael ben Eliša	10 v.
Joḥanan bar Nappaḥa	4 v., 5 r.
Joḥanan ben Zakkaj	6 r.
Jonatan ben Uziel	3 v., 6 r., 6 v., 9 v., 10 v.
Jošua ben Levi	4 v., 5 r.
Juda ha-Nasi	7 r.
Kabbala	5 v., 7 v.
Ḳohelet Rabba	8 v., 9 r.
Libro de la Disputacion publica	5 v.
Libro de las Malliçiones de los Judios	1 v.
Měgilla s. *Talmud*	
Me'ir, Rabbi	10 r.
Midraš Mišle	8 v.
Midraš T(ěh)illim	3 r., 7 r., 10 r.

Moses ben Naḥman	7 r.
Moses Maimonides	4 r., 5 v., 9 v.
Mostrador de Justiçia	2 v., 5 v.
Naḥman bar Jakob	4 r.
Onkelos	3 v.
Pereḵ Šira	10 v.
Pěsaḥim s. Talmud	
Pirḳej dě-Rabbi Eliezer	10 v.
Platon	3 r., 4 r., 10 r.
„Quicumque vult"	5 v.
Saᶜadia ben Josef	5 v.
Sabbat s. Talmud	
Sanhedrin s. Talmud	
Sefer ha-Kabbala	2 r.
Šěmaᶜya	6 r.
Šěvuᶜot s. Talmud	
Sifrej	9 r.
Šir ha-Širim Rabba	9 r.
Simon ben Laḳiš	2 r., 5 r.
Simon ben Zoma	8 r.
Sukka s. Talmud	
Talmud	1 v., 2 r., 10 r., 10 v.
– *Bava Měziᶜa*	7 r.
– *Běrachot*	4 v., 8 r., 9 v.
– *Měgilla*	2 v., 6 r.
– *Pěsaḥim*	4 r.
– *Sabbat*	1 v.
– *Sanhedrin*	2 v., 3 v.
– *Šěvuᶜot*	9 r.
– *Sukka*	2 r., 10 r.
Tanna dě-Vej Eliyahu	10 v.
Thales (Caliç)	10 v.
Wa-Yikra Rabba	8 v., 9 r.

Nichtbelegte oder seltene Wörter und Bedeutungen

abondable	3 r., 3 v.
abrimiento	3 v.
amostramiento	10 r.
enconamiento	6 v.; Anm. 156.
endereçimiento	3 v.
envestimiento	3 v. et passim; Anm. 79.
escandalizamiento	6 r., 6 v.
esmaravillamiento, esmaravillar	1 v.
figedat	3 v.; Anm. 74.
genera(n)cio	2 r., 3 v., 8 r.; Anm. 32.
malleza	8 r.; Anm. 190.
mallicion	1 v. et passim.
man	6 v.; Anm. 158.
oída	8 v.; Anm. 210.
olvidamiento	2 r.
pesgamiento	8 r.
puntadura, puntar	3 v.; Anm. 89.
removimiento	6 r.
sueno	3 r.; Anm. 56.
trufano	9 r.; Anm. 229.
verdaderia	10 r.